REPENSANDO A VANTAGEM COMPETITIVA

POR RAM CHARAN

"Escrevo livros para uso de profissionais."

— Ram Charan

The Amazon Management System (coautor, best-seller)

Execução: A Disciplina para Atingir Resultados (coautor, best-seller)

Confronting Reality: Doing What Matters to Get Things Right (coautor, best-seller)

Ataque! Transforme Incertezas em Oportunidades (best-seller)

O Que o CEO Quer Que Você Saiba

Ruptura Global: Liderando Seu Negócio Através da Grande Transformação do Poder Econômico Mundial

The Game Changer: How You Can Drive Revenue and Profit Growth with Innovation (coautor)

Liderança na Era da Turbulência Econômica: As Novas Regras de Gestão em Tempos de Economia Estagnada

Know-How: As 8 Competências Que Separam os Que Fazem dos Que Não Fazem

O Líder Criador de Líderes: A Gestão de Talentos para Garantir o Futuro e a Sucessão

Crescimento Lucrativo: 10 Ferramentas Práticas para o Aumento Sustentável dos Resultados

Every Business Is a Growth Business: How Your Company Can Prosper Year After Year (coautor)

O Que o Cliente Quer Que Você Saiba

Verizon Untethered: An Insider's Story of Innovation and Disruption (colaborador)

Strategic Management: A Casebook in Business Policy and Planning (colaborador)

Action, Urgency, Excellence (livro personalizado para a EDS Corporation)

Business Acumen (livro personalizado para a Ford Motor Company)

Solid Line, Dotted Line, Bottom Line (livro personalizado para a Gateway)

Boards That Lead: When to Take Charge, When to Partner, and When to Stay Out of the Way (coautor)

Owning Up: The 14 Questions Every Board Member Needs to Ask

Boards That Deliver: Advancing Corporate Governance from Compliance to Competitive Advantage

Boards at Work: How Corporate Boards Create Competitive Advantage

E-Board Strategies: How to Survive and Win (coautor)

Talent Wins: The New Playbook for Putting People First (coautor)

The High Potential Leader: How to Grow Fast, Take on New Responsibility, and Make an Impact

Mestres do Talento: Por que Razão os Líderes Inteligentes Põem as Pessoas à Frente dos Números (coautor)

Pipeline de Liderança: O Desenvolvimento de Líderes Como Diferencial Competitivo (coautor)

GERI WILLIGAN E
RAM CHARAN
COAUTOR DE **EXECUÇÃO** BEST-SELLER Nº1 DO *NEW YORK TIMES*

REPENSANDO
A VANTAGEM
COMPETITIVA

NOVAS REGRAS PARA A
ERA DIGITAL

ALTA BOOKS
EDITORA

Rio de Janeiro, 2022

Repensando a Vantagem Competitiva

Copyright © 2022 da Starlin Alta Editora e Consultoria Eireli.
ISBN: 978-65-5520-501-5

Translated from original Rethinking Competitive Advantage. Copyright © 2021 by Ram Charan. ISBN 978-0-5255-7560-3. This translation is published and sold by permission of Currency, an imprint of Random House, a division of Penguin Random House LLC, the owner of all rights to publish and sell the same. PORTUGUESE language edition published by Starlin Alta Editora e Consultoria Eireli, Copyright © 2022 by Starlin Alta Editora e Consultoria Eireli.

Impresso no Brasil – 1ª Edição, 2022 – Edição revisada conforme o Acordo Ortográfico da Língua Portuguesa de 2009.

Dados Internacionais de Catalogação na Publicação (CIP) de acordo com ISBD

C469r Charam, Ram
Repensando a vantagem competitiva: novas regras para a era digital / Ram Charam, Geri Willigan ; traduzido por Luciana Ferraz. – Rio de Janeiro : Alta Books, 2022.
224 p. ; 16cm x 23cm.

Tradução de: Rethinking
Inclui índice e apêndice.
ISBN: 978-65-5520-501-5

1. Administração. 2. Negócios. 3. Vantagem competitiva. 4. Mercado digital. I. Willigan, Geri. II. Ferraz, Luciana. III. Título.

CDD 658.4012
CDU 65.011.4

2022-976

Elaborado por Odilio Hilario Moreira Junior - CRB-8/9949

Índice para catálogo sistemático:
1. Administração : negócios 658.4012
2. Administração : negócios 65.011.4

Todos os direitos estão reservados e protegidos por Lei. Nenhuma parte deste livro, sem autorização prévia por escrito da editora, poderá ser reproduzida ou transmitida. A violação dos Direitos Autorais é crime estabelecido na Lei nº 9.610/98 e com punição de acordo com o artigo 184 do Código Penal.

A editora não se responsabiliza pelo conteúdo da obra, formulada exclusivamente pelo(s) autor(es).

Marcas Registradas: Todos os termos mencionados e reconhecidos como Marca Registrada e/ou Comercial são de responsabilidade de seus proprietários. A editora informa não estar associada a nenhum produto e/ou fornecedor apresentado no livro.

Erratas e arquivos de apoio: No site da editora relatamos, com a devida correção, qualquer erro encontrado em nossos livros, bem como disponibilizamos arquivos de apoio se aplicáveis à obra em questão.

Acesse o site www.altabooks.com.br e procure pelo título do livro desejado para ter acesso às erratas, aos arquivos de apoio e/ou a outros conteúdos aplicáveis à obra.

Suporte Técnico: A obra é comercializada na forma em que está, sem direito a suporte técnico ou orientação pessoal/exclusiva ao leitor.

A editora não se responsabiliza pela manutenção, atualização e idioma dos sites referidos pelos autores nesta obra.

Produção Editorial
Editora Alta Books

Diretor Editorial
Anderson Vieira
anderson.vieira@altabooks.com.br

Editor
José Ruggeri
j.ruggeri@altabooks.com.br

Gerência Comercial
Claudio Lima
claudio@altabooks.com.br

Gerência Marketing
Andrea Guatiello
marketing@altabooks.com.br

Coordenação Comercial
Thiago Biaggi

Coordenação de Eventos
Viviane Paiva
comercial@altabooks.com.br

Coordenação ADM/Finc.
Solange Souza

Direitos Autorais
Raquel Porto
rights@altabooks.com.br

Produtor da Obra
Thiê Alves

Produtores Editoriais
Illysabelle Trajano
Larissa Lima
Maria de Lourdes Borges
Paulo Gomes
Thales Silva

Equipe Comercial
Adriana Baricelli
Daiana Costa
Fillipe Amorim
Heber Garcia
Kaique Luiz
Maira Conceição
Victor Hugo Morais

Equipe Editorial
Beatriz de Assis
Brenda Rodrigues
Caroline David
Gabriela Paiva
Henrique Waldez
Marcelli Ferreira
Mariana Portugal

Marketing Editorial
Jessica Nogueira
Livia Carvalho
Marcelo Santos
Pedro Guimarães
Thiago Brito

Atuaram na edição desta obra:

Tradução
Luciana Ferraz

Copidesque
Alberto Streicher

Revisão Gramatical
Maira Meyer
Fernanda Lutfi

Diagramação
Lucia Quaresma

Capa
Paulo Gomes

Editora afiliada à:

ASSOCIADO

Rua Viúva Cláudio, 291 – Bairro Industrial do Jacaré
CEP: 20.970-031 – Rio de Janeiro (RJ)
Tels.: (21) 3278-8069 / 3278-8419
www.altabooks.com.br — altabooks@altabooks.com.br
Ouvidoria: ouvidoria@altabooks.com.br

Dedicado aos corações e almas da família unida de 12 irmãos e primos vivendo sob o mesmo teto por 50 anos, cujos sacrifícios pessoais tornaram minha educação formal possível.

AGRADECIMENTOS

Este livro é o resultado de meu aprendizado pela observação e diálogo com muitos líderes empresariais atenciosos e bem-sucedidos. Sou especialmente grato pela generosidade daqueles que me permitiram ver em primeira mão como estão liderando suas empresas de forma ousada para a era digital. Em especial, gostaria de agradecer a Kathy Murphy e Ram Subramanian; Jorge Paulo Lemann, Carlos Alberto Sicupira, Miguel Gutierrez, Anna Saicali e Cecilia Sicupira; Krishna Sudheendra e Paras Chandaria. Sua receptividade expandiu meu aprendizado, e suas experiências certamente conferirão a outros líderes maior confiança para seguir adiante.

Gostaria de agradecer também aos muitos líderes com quem trabalhei ao longo do tempo, cujo conhecimento, experiência e insights aprofundam continuamente minha compreensão da prática empresarial. Entre eles estão Gautam Adani, Bob Beachaump, Kumar Birla, Larry Bossidy, Bob Bradway, James Broadhead, Bruce Broussard, Dick Brown, Mike Butler, Indu Chandaria, Albert Chao, James Chao, John Chao, Dorothy Chao, Bill

Conaty, Lodewijk de Vink, Amrish Goel, David Goel, Aaron Greenblatt, Raj Gupta, Fred Hassan, Rod Hochman, Chad Holliday, Tim Huval, Andre Gerdau Johannpeter, John Koster, Jack Krol, Dejian Liu, Aloke Lohia, Suchitra Lohia, Alex Mandl, Harsh Mariwala, Melinda Merino, Brian Moynihan, Jac Nasser, Marc Onetto, Sajan Pillai, Vincent Roche, Ivan Seidenberg, Kirit Shah, Jim Shanley, Bhavna Shivpuri, Ling Tang, Ed Woolard, Tadashi Yanai, Julia Yang, Qian Ying, Qin Yingling e o grande, e já falecido, Jack Welch.

Monish Kumar da BCG, John MacCormick da Dickinson College e Doug Peterson da S&P Global fizeram contribuições importantes ao livro. Tenho imenso respeito por sua expertise e sou profundamente grato por seu tempo e ajuda.

Também sou grato a Roger Scholl e Paul Whitlatch, dois editores cujo entusiasmo e apoio editorial habilidoso ajudaram a viabilizar este livro. Roger reconheceu a necessidade na comunidade empresarial e ajudou a conceitualizar a obra, enquanto Paul ofereceu conselhos editoriais incisivos conforme a conduzia à sua forma final. Agradeço a Katie Berry e às equipes de produção e marketing da Currency por sua orientação e apoio cuidadosos. E a John Mahaney, meu editor de muitos livros anteriores, cujos ensinos sobre escrita e edição permanecem.

Quero prestar uma homenagem especial à minha coautora, Geri Willigan, que está comigo há 27 anos como parceira no desenvolvimento de conteúdos intelectuais e na sua transformação em escrita. Nós trocamos ideias quase diariamente enquanto buscamos insights que ajudarão os líderes a melhorarem suas empresas. Sua contribuição na pesquisa e escrita deste livro foi inestimável.

Sempre sou grato a meu sócio de longa data, John Joyce, cujas contribuições e perspectivas são tremendamente úteis, e a Jon Galli.

E sou grato pela inteligência, competência e cuidado com os quais minhas assistentes Cynthia Burr e Lisa Laubert apoiam meu trabalho diariamente. Elas me possibilitam sustentar meu trabalho e realizar projetos como este.

Por fim, sou grato à comunidade de pensadores e líderes empresariais que buscam constantemente aprofundar seu conhecimento, melhorar suas organizações e tornar o mundo um lugar melhor para todos.

SUMÁRIO

INTRODUÇÃO:	POR QUE ESCREVI ESTE LIVRO E COMO ELE O AJUDARÁ	XV
CAPÍTULO 1:	POR QUE AS GIGANTES DIGITAIS ESTÃO GANHANDO	3
CAPÍTULO 2:	NOVO MUNDO, NOVAS REGRAS	19
CAPÍTULO 3:	ESPAÇOS DE MERCADO DE 10X, 100X, 1.000X	31
CAPÍTULO 4:	PLATAFORMAS DIGITAIS NO CENTRO DO NEGÓCIO	55
CAPÍTULO 5:	ECOSSISTEMAS GERADORES DE VALOR	85
CAPÍTULO 6:	ENRIQUECIMENTO PARA AS DIGITAIS	111
CAPÍTULO 7:	EQUIPES EM VEZ DE CAMADAS ORGANIZACIONAIS	133

CAPÍTULO 8:	LÍDERES QUE CRIAM O QUE VEM DEPOIS	163
CAPÍTULO 9:	REPENSANDO A VANTAGEM COMPETITIVA NO MUNDO REAL	181
APÊNDICE:	VOCÊ ESTÁ PRONTO PARA CRIAR VANTAGEM COMPETITIVA NA ERA DIGITAL?	187
NOTAS		191
ÍNDICE		197

AS NOVAS REGRAS DA CONCORRÊNCIA

1. Uma experiência do consumidor personalizada é fundamental para o crescimento exponencial.

2. Algoritmos e dados são armas essenciais.

3. Uma empresa não compete. Seu ecossistema, sim.

4. Enriquecimento se destina à enorme geração de caixa, e não lucros por ação, e à nova lei de retornos *crescentes*. Investidores entendem a diferença.

5. Pessoas, cultura e concepção de trabalho formam um "motor social" que orienta a inovação e a execução personalizadas para cada consumidor.

6. Líderes descobrem, imaginam e superam obstáculos continuamente para gerar a mudança com a qual outras empresas devem competir.

INTRODUÇÃO

POR QUE ESCREVI ESTE LIVRO E COMO ELE O AJUDARÁ

Em meu trabalho com grandes líderes de empresas digitais e tradicionais ao redor do mundo, sempre ouvia as mesmas perguntas. Por que as cerca de 12 gigantes digitais — entre elas, Amazon, Facebook, Google e Alibaba — ficaram tão grandes com tanta rapidez? Elas continuarão a dominar? As outras empresas sequer têm chance de concorrer com elas?

As gigantes digitais mudaram para sempre nossas experiências como consumidores e colaboradores. Preços mais baixos, maior conveniência, acesso instantâneo a informações relevantes — todas essas coisas são agora expectativas comuns entre os consumidores e até mesmo entre empresas que compram de outras empresas. E todas são conduzidas por tecnologia digital, especificamente o uso de algoritmos.

Algoritmos — as regras matemáticas pelas quais os dados são processados — existiam há centenas de anos. Quando os computadores possibilitaram que fossem processados muito rapidamente e por um custo baixo, pessoas como Jeff Bezos da Amazon, Mark Zuckerberg do Facebook, e Larry Page e Sergey Brin do Google agarraram a oportunidade de usá-los para resolver uma ampla gama de problemas. Livres da ortodoxia administrativa, esses líderes permitem que suas imaginações fluam. Alguns dos problemas que eles abordaram eram pequenos, como o desejo inicial de Bezos de oferecer aos leitores uma grande seleção de livros a preços baixos; sua ambição se expandiu a partir disso. Outros eram grandes, como o objetivo do Google de "organizar as informações do mundo".

O impacto desses líderes e organizações excepcionais é óbvio, mas o porquê e o como de seus sucessos, não. Então me disponho a estudar exatamente por que e como as gigantes digitais viraram a concorrência de cabeça para baixo.

Minha pesquisa ao longo dos últimos cinco anos esclareceu totalmente um fato: criar vantagem competitiva é diferente na era digital. Até recentemente, as maiores vantagens competitivas iam para empresas que controlavam canais de distribuição, tinham ativos tangíveis na maior escala, ou tinham marcas ou patentes estabelecidas. Atualmente, essas vantagens já não garantem que uma empresa superará outras.

Na era digital, vantagem competitiva é a capacidade de ganhar o prêmio maior — a preferência do consumidor — *repetitivamente*, por meio de inovação contínua em prol do consumidor, e criar, ao mesmo tempo, imenso valor para os acionistas.

A vantagem competitiva vem tanto do que uma empresa *faz* quanto do que ela *tem*: como ela encara a experiência do consumidor, escolhe os líderes, organiza o trabalho e ganha dinheiro, bem como seu ecossistema e acesso a dados e financiamento. As fontes de vantagem competitiva, uma vez desenvolvidas, podem ser difíceis de alcançar pelas empresas tradicionais, pois são enraizadas (uma mentalidade de crescimento exponencial e uma cultura orientada a ações). Elas são cumulativas (mais dados levam a mais conhecimento do consumidor; mais escala gera mais dinheiro). E são sistêmicas (melhores previsões levam a mais satisfação do consumidor e menores custos, o que, em contrapartida, aumenta a receita e a margem bruta monetária, o que fornece o dinheiro para inovar e servir melhor ao consumidor).

Este livro tem dois propósitos principais: explicar totalmente as imensas fontes de vantagem competitiva das gigantes digitais e ajudar outras empresas a verem um caminho para construir as suas. A partir de minha observação das empresas digitais, identifiquei um novo conjunto de regras para gerar vantagem competitiva. Essas novas regras explicam o que *qualquer empresa* — seja uma gigante digital ou uma empresa tradicional — deve fazer para prosperar nesta era digital. Para empresas antigas que estão se tornando digitais, este livro preencherá as lacunas que os líderes costumam deixar quando se concentram apenas na tecnologia. Por exemplo, pode encorajá-los a serem mais ousados ao redesenhar como o trabalho é feito enquanto desenvolve suas habilidades digitais (veja o Capítulo 7 sobre como a Fidelity Personal Investing fez exatamente isso).

Para empresas tradicionais que ainda não começaram a se mover, este livro é um chamado à ação. Ao explicar como as empresas digitais compõem suas vantagens competitivas, ele mostra o quão rapidamente as vantagens tradicionais podem se esvair e o quão inadequadas as mentalidades e ferramentas existentes se tornaram. A distância entre as digitais e as não digitais aumentou durante o surto de coronavírus, quando as empresas digitais foram capazes de ajustar-se rapidamente às mudanças repentinas do comportamento dos consumidores — nas cadeias de fornecimento e no trabalho — e sua vantagem competitiva na geração de dinheiro lhes trouxe mais recursos para sustentar o negócio.

Em abril de 2020, no meio da pandemia, o CEO da Netflix, Reed Hastings, escreveu uma carta aos acionistas, publicada no site para investidores da empresa, que lhes tranquilizava lembrando que "a cultura da Netflix foi desenhada para garantir a tomada de decisão em todos os níveis da empresa". Ele continuou dizendo que, após duas semanas de decretos de isolamento social em Los Angeles, a maior parte de sua equipe de produção de animações estava ativa, trabalhando de casa. No lado da pós-produção, foram capazes de manter mais de 200 projetos remotamente. E a maioria de suas salas de escritores de séries estava operando virtualmente.

O choque do coronavírus foi grave. Mas, mesmo em períodos normais, a pergunta de ouro é: as outras têm chance perante os colossos digitais de hoje em dia? Sem dúvida alguma, sim. As empresas tradicionais afetadas estão nos primeiros estágios para se tornarem digitais. Aquelas que repensarem sua vantagem competitiva antes superarão rapidamente seus pares e, sim, podem desafiar as empresas nascidas digitais. A Amazon cresceu durante a pandemia do coronavírus. O Walmart também, porque já estava mais adiantado na digitalização de seu negócio do que muitos varejistas tradicionais.

Nenhuma vantagem competitiva é blindada; deve ser conquistada diariamente. A Amazon ainda domina o e-commerce, mas o Walmart está em ascensão. Durante anos a Netflix esteve praticamente sozinha no mercado de streaming de vídeos, mas hoje as gigantes digitais Amazon e Apple intensificaram sua presença, ao lado de players tradicionais como Disney, NBC e WarnerMedia. Os assinantes da Netflix chegaram a 182 milhões nos primeiros 3 meses de 2020, quando todos estavam presos em casa, mas, no fim de abril de 2020, a Disney+ havia acumulado respeitáveis 50 milhões de assinantes, a NBCUniversal foi lançada naquele mês com 15 milhões, e o aguardado lançamento da HBO Max pela AT&T era iminente.

Os meios para obter vantagem competitiva estão cada dia mais disponíveis. Algoritmos e expertise podem ser obtidos a um custo relativamente baixo. E o financiamento continua chegando para empresas que adotam métricas e modelos que refletem os novos fundamentos do enriquecimento.

Conhecer as novas regras de concorrência ampliará sua visão e o ajudará a definir o caminho no cenário complexo e dinâmico.

O Capítulo 1 explica as forças subjacentes que transformaram um punhado de startups em gigantes com valor de mercado de trilhões de dólares em menos de 25 anos. Meu objetivo é mostrar exatamente por que elas mudaram o cenário competitivo e o que isso significa para seu futuro. O Capítulo 2 descreve algumas práticas empresariais convencionais que já não funcionam e algumas crenças comuns que devem ser dissipadas.

Os capítulos 3 a 8 explicam cada uma das novas regras para criar vantagem competitiva e usam exemplos de empresas reais para mostrar como colocá-las em uso na segunda-feira de manhã. O Capítulo 9 lhe trará incentivo para agir ao mostrar o quão rapidamente algumas empresas tradicionais se moveram.

Tem sido minha missão de vida oferecer insights e conhecimento que sejam úteis para profissionais. Espero que este livro tenha sucesso nessa missão.

REPENSANDO
A VANTAGEM COMPETITIVA

CAPÍTULO 1

POR QUE AS GIGANTES DIGITAIS ESTÃO GANHANDO

Em fevereiro de 2019, enquanto a elite de Hollywood se reunia para a 91º cerimônia dos Academy Awards, a Netflix se viu em uma guerra de palavras com o famoso diretor Steven Spielberg. *Green Book,* o filme que Spielberg havia apoiado, ganhou o Oscar de Melhor Filme. Mas Spielberg deixou claro que não achava que *Roma,* outro forte concorrente que havia sido produzido pela Netflix, deveria sequer estar na disputa por um Oscar.

O argumento de Spielberg contra *Roma* foi que ele havia sido exibido pela Netflix diretamente para os consumidores após uma exibição exclusiva de apenas três semanas nos cinemas. Os filmes tradicionais são exibidos nos cinemas por meses. Cortar o caminho do lançamento nos cinemas, alegou Spielberg, priva os cinéfilos de uma experiência imersiva na grande tela e coloca todo o sistema de cinemas em risco.

Conforme o conselho de reguladores da Academia se preparava para debater o assunto, um regulador observou: "As regras foram estabelecidas quando ninguém era capaz de imaginar este presente ou este futuro."

Na verdade, o CEO e cofundador da Netflix, Reed Hastings, imaginou este futuro há quase duas décadas, antes de a banda larga ser amplamente usada. Então, Hastings fez o que líderes de toda empresa digital bem-sucedida fazem. Ele explorou novas tecnologias para criar o futuro que imaginou muito mais rápido do que outras pessoas julgavam ser possível.

Imaginar novos espaços de mercado e fontes de receita que podem escalar a velocidades inéditas é apenas uma forma pela qual empresas que nasceram digitais — aquelas que são digitais desde o início — obtiveram uma enorme margem competitiva nos últimos anos. Pensar de forma diferente sobre como ganhar dinheiro e financiar o crescimento é uma segunda forma. E usar a tecnologia algorítmica para reorganizar o trabalho e melhorar a tomada de decisão é uma terceira.

Na atual era competitiva, as empresas tradicionais precisam saber contra quem estão concorrendo e aprender com as nascidas digitais como gerar vantagem competitiva.

A Nova Natureza da Concorrência

Em 2000, mesmo enquanto a Netflix construía sua vantagem competitiva enviando DVDs por correio em vez de fazer os clientes visitarem varejistas de vídeo como a Blockbuster, seus líderes sabiam que a tecnologia de banda larga algum dia seria suficientemente rápida, barata e boa para que os consumidores assistissem a vídeos enviados ou transmitidos diretamente para seus dispositivos, em qualquer lugar e a qualquer momento. A tecnologia ainda não era avançada o suficiente em 2005 quando Hastings disse ao repórter da revista *Inc.*, Patrick J. Sauer: "Queremos estar prontos quando o vídeo sob demanda acontecer."

Em 2007, havia chegado a hora. Cerca de metade dos lares dos EUA tinha acesso à banda larga, e a Netflix estava pronta para começar a transmitir filmes nas casas de seus consumidores. O YouTube estava experimentando um rápido crescimento, e o Hulu, pertencente a uma parceria entre NBC e Comcast, surgiu mais ou menos na mesma época. A Netflix prosperou por causa de uma poderosa combinação de elementos.

Por exemplo, a empresa cobrava uma assinatura mensal que dava aos consumidores acesso a vídeos ilimitados — uma novidade em uma época na qual a maioria das pessoas alugava um ou mais DVDs ou fitas VHS por vez. Para garantir que os consumidores não ficassem sem coisas novas para assistir, a Netflix licenciou conteúdos de empresas de mídia tradicionais. Os assinantes podiam assistir a lançamentos de filmes populares sem sair de casa, e pela primeira vez conseguiam maratonar suas séries de TV antigas favoritas.

Nada disso teria sido possível sem uma plataforma de tecnologia que pudesse entregar uma experiência de exibição estável. Mas a plataforma digital da Netflix não apenas transmitia sinais por meio de conexões de banda larga — ela também reunia dados sobre os hábitos de visualização de seus consumidores. Os algoritmos ficaram cada vez melhores em analisar os dados para ajudar os assinantes a encontrar conteúdos de que gostassem em meio à crescente variedade de opções.

Construir sua plataforma digital, garantir escala de banda larga, pagar taxas de licenciamento e contratar especialistas em tecnologia para escrever e refinar os algoritmos contribuíram para o crescimento excepcional de receita e de assinantes da Netflix. Esses esforços também consumiram dinheiro, mais do que a empresa estava gerando em sua busca por uma escalada ultrarrápida e pela construção de sua capacidade de exibição.

Sabe-se que ela tentou se vender para a Blockbuster no início, mas foi rejeitada. Em vez disso, a Netflix conseguiu encontrar acionistas e financiadores que acreditavam em seu futuro e sabiam os motivos do prejuízo da Netflix. Os lucros por ação, ou LPA, podiam esperar. A espera se estendeu quando a Netflix se arriscou a criar seu próprio conteúdo, começando com a série *House of Cards*, que entrou em desenvolvimento em 2009 e foi lançada quatro anos depois.

Passou uma década inteira, no início de 2019, até que algumas das maiores empresas de mídia como WarnerMedia, Disney e Apple impusessem um desafio real ao domínio da Netflix no streaming. E a Amazon, outra grande atuante que havia entrado no espaço, fixou sua presença. No primeiro trimestre de 2019, uma série de ações e reações concorrenciais foram adotadas.

Em fevereiro de 2019, o Departamento de Justiça dos EUA autorizou a fusão entre a Time Warner e a AT&T, o que visava ajudar as entidades a concorrerem com os players digitais que tanto criavam quanto distribuíam conteúdo, e a gerência sênior começou a rejuntar as peças. O ex-diretor da NBC Entertainment, Robert

Greenblatt, foi encarregado de comandar a WarnerMedia, uma nova combinação da HBO com partes da Turner Broadcasting, e de desenhar um novo serviço de streaming.

Um mês depois, em 20 de março de 2019, a Disney fechou um negócio de US$71,3 bilhões para comprar uma boa parte da Twentieth Century Fox, que incluía os estúdios de filmes e TV e 30% das ações do Hulu. A Disney já possuía 30% do Hulu, então agora tinha participação majoritária. Enquanto isso, a Disney vinha encerrando seus acordos de licenciamento com a Netflix e alardeando o lançamento iminente do Disney+, um serviço de streaming separado do Hulu.

Cinco dias depois, a Apple anunciou que lançaria um aplicativo para TV no terceiro trimestre que distribuiria conteúdo da HBO, da Showtime e de outras fontes por uma taxa mensal. O próprio Steven Spielberg estava no palco quando o CEO da Apple, Tim Cook, explicou que o serviço incluiria conteúdos originais que a Apple estava criando.

Naquele trimestre, a Amazon garantiu os direitos de uma série de TV baseada em *O Senhor dos Anéis*, com um orçamento exorbitante de US$1 bilhão, segundo alguns relatórios. As notícias levaram o analista de mídia Rich Greenfield a comentar: "Há uma guerra generalizada pelo controle de sua vida midiática. Acredito que a realidade é que essas grandes plataformas de tecnologia, que têm avaliações, capitalizações de mercado e pilhas de dinheiro que são enormes em relação às mídias tradicionais estão apenas começando."[1]

A série de anúncios tão próximos incendiou o Twitter. Por quantos serviços de assinatura as pessoas pagariam? A burocracia da WarnerMedia extinguiria a criatividade da HBO? O novo modelo de negócios da Disney significaria um corte de preços pelo streaming de filmes? O que seria agregado e o que não seria? E a Netflix, atual favorita dos consumidores, continuaria a prosperar e liderar o caminho?

Ação e Reação Competitivas

O streaming de vídeos é apenas um exemplo de uma economia digital na qual a concorrência está se intensificando. Muitas das chamadas empresas tradicionais estão inseridas em uma batalha com concorrentes digitais, e até então as empresas nascidas digitais estão levando a melhor. O Walmart (e todas as outras lojas físicas, da Macy's à Best Buy) está em um duelo constante com a Amazon, assim como bancos e empresas de cartão de crédito estão brigando com o PayPal e o Apple Pay.

Enquanto isso, as gigantes digitais estão lutando umas com as outras por fatia de mercado e domínio: a AWS (Amazon Web Services) da Amazon versus o serviço na nuvem Azure da Microsoft. Empresas de bens de consumo, varejistas e fabricantes têm centenas de startups de e-commerce mordiscando as beiradas de suas fatias de mercado com produtos de nicho vendidos diretamente aos consumidores online. Pense nas lâminas Gillette da P&G vendidas em lojas versus a assinatura online do Dollar Shave Club que vende diretamente para os consumidores.

A linha comum no surgimento dessas batalhas é a digitalização. Ela revirou a própria natureza da concorrência atual e tornou obsoletas as formas de pensar sobre vantagem competitiva do século XX.

O antigo ditado "atente-se ao seu tricô", por exemplo, uma versão coloquial de "desenvolva suas competências centrais", tende a estreitar a imaginação de uma empresa. Porém, uma imaginação ousada é exigência para os líderes atuais. Netflix, Amazon, Facebook e Google não seriam o que são se seus CEOs e equipes executivas não tivessem imaginado um futuro que ainda não existia.

Uma visão clara do cenário competitivo sugere que algumas das primeiras generalizações sobre a "vantagem do pioneiro" e "o vencedor leva tudo" não estão se mantendo, especialmente enquanto as gigantes digitais desafiam umas às outras.

Os pioneiros podem ser capazes de escalar rápido, mas é certo que outros entrem em quaisquer mercados amplos que eles criarem. Por isso, os vencedores nem sempre levam tudo, ao menos não para sempre. E, se novos concorrentes não entrarem na briga suficientemente rápido, reguladores antitruste do governo podem intervir.

Por mais precoce e dominante que a Amazon seja no e-commerce, ela não está sozinha. Alibaba, Tencent e JD.com são concorrentes globais ferozes, e o varejista tradicional Walmart está entrando no espaço online com mais força desde sua aquisição da Jet.com e sua participação majoritária na Flipkart, maior atuante no e-commerce da Índia. Ele vem ganhando força por interligar suas vendas online com as lojas físicas. No Brasil, a B2W tem mantido sob controle a Amazon, relativamente novata no mercado.

O resultado dessas batalhas de concorrência é incerto. Mas algumas diferenças fundamentais em como as empresas digitais competem ficaram claras.

Quando analisamos as Netflixes, Amazons, Googles e Alibabas do mundo, vemos que elas têm alguns elementos em comum:

- *Elas imaginam um mercado de 100x que ainda não existe.* Elas imaginam uma experiência de ponta a ponta na vida de uma pessoa — conforme o indivíduo viaja, come, faz compras, procura cuidados médicos ou entretenimento — que poderia ser muito melhorada e, se fosse, que um grande número de pessoas desejaria. Elas pensam em como a tecnologia poderia ser usada para possibilitar coisas aparentemente impossíveis. Concentram-se no usuário final, ainda que haja intermediários entre elas e o consumidor. Elas sabem que, se sua oferta for adequada para o usuário final, poderão escalar muito rapidamente, porque a notícia se espalha de maneira quase instantânea. A Netflix acreditou que um grande número de pessoas preferiria descobrir e desfrutar de vídeos conforme sua conveniência em suas casas em vez de ir a um cinema e tolerar petiscos superfaturados e vizinhos incômodos, ou assistir à TV em horários definidos pelas empresas ou redes de entretenimento. Na era dos celulares de US$50 e conexões de internet a preços baixíssimos, como na Índia, o potencial de mercado explodiu.

- *Elas têm uma plataforma digital em seu núcleo.* Uma plataforma digital é um mix de algoritmos habilmente costurados que armazenam e analisam dados para uma diversidade de propósitos. Ela possibilita a experimentação veloz e o rápido ajuste de preços, e permite o alcance a uma grande população globalmente a custos incrementais mínimos. A Netflix pode transmitir facilmente seu repertório através de fronteiras geográficas. Os algoritmos nas categorias de inteligência artificial e aprendizado de máquina podem corrigir a si mesmos enquanto aprendem mais sobre o comportamento e as preferências dos consumidores, melhorando a personalização e, portanto, aumentando a lealdade do cliente.

- *Elas têm um ecossistema que acelera seu crescimento.* Parceiros de ecossistema têm muitas formas, como vendedores terceirizados no site da Amazon, motoristas independentes da Uber, ou desenvolvedores de aplicativos da Apple. Eles permitem que a empresa expanda sua capacidade rapidamente, em geral sem investimento de capital de sua parte, e permitem a venda cruzada para estender inovações a um público mais amplo. Eles podem, também, permitir um novo modelo de enriquecimento ou suprir uma habilidade que esteja faltando. A maioria dos ecossistemas compartilham dados, contribuindo com a capacidade de escalar rapidamente. A Netflix não existiria sem o conteúdo que licenciou de seu ecossistema, como as séries de TV *Friends*, da WarnerMedia, e *The Office*, da NBCUniversal. Empresas não concorrem entre si — seus ecossistemas, sim.

- *Seu enriquecimento está atrelado a dinheiro e crescimento exponencial.* Negócios digitais sabem que, após um período de intenso consumo de dinheiro, se a oferta for bem-sucedida, os rendimentos subirão bruscamente conforme o custo incremental da próxima unidade vendida ou assinante inserido cai. Elas se concentram mais em dinheiro do que em indicadores contábeis. Financiadores que reconhecem a lei de *rendimentos crescentes* estão dispostos a aliviar os problemas de liquidez no início para colher as recompensas exponenciais depois.*

- ***A tomada de decisão é voltada para a inovação e a velocidade.*** A desvantagem do crescimento e um motivo principal pelo qual as empresas tradicionais experimentam *retornos decrescentes* são a complexidade e a burocracia elevadas que vêm com o crescimento. Mas a burocracia elevada não é um fato para empresas que têm uma plataforma digital em seu núcleo. As equipes próximas à ação podem tomar decisões e agir sem camadas de supervisão porque podem acessar facilmente informações em tempo real. Elas podem se mover muito rapidamente. A responsabilidade está embutida porque a plataforma digital torna o progresso de uma equipe visível para qualquer um da empresa que precise saber. Os custos gerais são mantidos no mínimo mesmo enquanto a empresa expande rapidamente; os custos gerais e administrativos da Amazon são apenas 1,5% de sua receita. Recrutar pessoas que são automotivadas e capazes de progredir em um ambiente com base em equipes torna a empresa inovadora e ágil.

---

* W. Brian Arthur, membro docente externo do Santa Fe Institute, membro docente da IBM e pesquisador visitante do Intelligent Systems Lab na PARC, descreveu o fenômeno de rendimentos crescentes no início dos anos de 1990. Veja *Increasing Returns and Path Dependence in the Economy* (Ann Arbor: University of Michigan Press, 1994).

- *Seus líderes conduzem o aprendizado, a reinvenção e a execução.* Líderes digitais têm um conjunto diferente de habilidades e competências dos gestores tradicionais. Eles têm um conhecimento prático de tecnologia, uma imaginação expansiva e a capacidade de ligar seu pensamento amplo com a execução em níveis mais baixos. Seu uso dos dados leva a execução a outro nível. E sua comunicação constante com as equipes, junto a sua determinação em transferir recursos, torna a organização ágil. A fluidez de seu pensamento conduz mudanças e crescimento contínuos. Eles criam a mudança com a qual líderes de muitas outras empresas lutam.

Então, as atuais gigantes e recém-criadas digitais concentram-se intensamente na experiência de um consumidor individual e abrem grandes novos mercados. Elas escalam rapidamente, agregam dados e atraem parceiros relevantes para seu ecossistema. Seu modelo de negócios concentra-se em margem bruta de caixa (uma nova métrica explicada no Capítulo 6), geração de dinheiro e crescimento exponencial. Elas obtêm quantias expressivas de dinheiro para financiar seu crescimento por meio de capitalistas de risco e investidores que entendem os novos padrões de enriquecimento. E seus líderes e colaboradores altamente comprometidos trabalham com propósito e concentram-se continuamente no que vem a seguir, na velocidade de deslocamento, na inovação contínua e na execução disciplinada.

Esses elementos das gigantes digitais são especialmente poderosos em conjunto.

Vejamos novamente a Netflix.

Na maioria das empresas, os CEOs são lembrados trimestralmente, se não diariamente, de que os lucros por ação são sacrossantos. Se os lucros caírem por mais do que alguns trimestres, sua liderança é questionada. Reed Hastings, por outro lado, não vive e respira LPA — especialmente quando ele estava elevando a Netflix a uma marca mundial. Enquanto esperava que a banda larga se instalasse, investiu pesado na tecnologia para streaming. A empresa também investiu muito em conseguir as melhores (e mais bem pagas) pessoas de tecnologia e engenheiros de software disponíveis. Hastings, ele mesmo um engenheiro de softwares, sabia que a capacidade de continuar melhorando o algoritmo da Netflix era essencial: primeiro para garantir que os vídeos transmitidos de qualquer lugar oferecessem a melhor experiência de visualização; e, segundo, para ajudar os assinantes a encontrarem os conteúdos que desejassem em meio à variedade de opções em expansão contínua.

Essas opções de visualização eram compostas por filmes e séries de TV que outras empresas criaram e a Netflix licenciou. As tarifas de licenciamento que os players tradicionais arrecadaram ficaram bem nas suas declarações de rendimento. Elas impulsionaram as receitas e os lucros por conteúdos que já haviam criado.

Mas o que a Netflix obteve desses negócios de licenciamento nos primeiros anos provavelmente foi mais valioso: um futuro muito brilhante. O catálogo crescente mantinha os assinantes interessados e induzia novos clientes a assinarem. A curva de crescimento da Netflix virou-se para cima, aumentando seu fluxo de caixa.

Hastings previu que alguns parceiros de ecossistema, ao longo do tempo, deixariam seus acordos de licenciamento expirar e entrariam por si próprios no mercado de streaming em algum momento. Para garantir que o catálogo continuasse a se expandir, em 2009 a empresa começou a direcionar dinheiro para conteúdos originais. Eles analisaram sua coleção de dados sobre as preferências de visualização das pessoas para decidir que tipo de história produzir e quais atores contratar.

A Netflix experimentou essa abordagem orientada por dados para criar sua primeira série original, *House of Cards*. Lançada em 2013, a série foi um grande sucesso tanto entre assinantes quanto críticos, atraindo multidões de novos assinantes e facilitando a atração de grandes talentos criativos para projetos futuros.

Desde então, a Netflix continuou a refinar seus algoritmos e tem aumentado dramaticamente seu gasto com P&D para criar uma grande variedade de filmes e séries originais. A empresa gastou US$15 bilhões em conteúdo original em 2019.

Ao longo da evolução da Netflix, Hastings tem se concentrado em dar aos consumidores uma experiência de visualização excepcional, garantindo que possam encontrar conteúdos de que gostem e alavancando o que a tecnologia é capaz de fazer em determinado momento. Contanto que os consumidores obtivessem uma experiência de visualização excepcional, eles provavelmente continuariam assinando e fornecendo um fluxo de dinheiro contínuo. Aumentar a base de assinantes continuaria a gerar credibilidade com os investidores e financiadores e manteria o fluxo de investimentos.

Enquanto a Netflix crescia, sua burocracia não a acompanhou. A empresa tem sido capaz de manter uma hierarquia enxuta pela forma como avalia novas contratações por competências e habilidade de trabalhar em equipes autônomas, e pela forma como usa a tecnologia digital para tornar transparentes o desempenho e a responsabilidade.

Nada disso significa que empresas tradicionais não possam moldar um futuro igualmente brilhante (os capítulos 4 e 7 mostram como B2W e Fidelity o fizeram). Mas elas terão que aprender com os colossos digitais e fazer algumas mudanças.

Na superfície, gigantes do entretenimento como Netflix, Amazon, Disney, WarnerMedia e Apple parecem bem equiparadas. Todas têm recursos enormes. WarnerMedia e Disney, com suas extensas bibliotecas de filmes e conteúdo de TV, não têm barreiras reais para entrar no mercado de streaming, da mesma forma que Netflix, Amazon e Apple não têm barreiras reais para criar seus próprios conteúdos originais.

A diferenciação entre elas será na experiência de cada consumidor. As empresas precisam de dados suficientes, junto com bons algoritmos, para criar uma experiência personalizada. Quão rapidamente as empresas tradicionais são capazes de construir uma base de dados e uma tecnologia algorítmica, como as da Netflix e da Amazon, para entender e prever melhor as preferências do consumidor?

Os players antigos e revitalizados colocarão muito dinheiro em jogo enquanto selecionam a programação. Qual é a base para essas decisões? Como afetarão as margens, os consumidores, os recursos e a capacidade de atrair talentos?

A tecnologia algorítmica será importante nas apostas, por exemplo, na decisão de qual talento reter com uma compensação generosa. Contratos com os melhores atores, escritores e diretores podem ser cruciais para oferecer um valor melhor aos assinantes.

Os estúdios de cinema têm grande experiência em determinar quando lançar um filme, em quantos cinemas, em qual fim de semana e como anunciá-lo. (O gasto com anúncios às vezes supera o custo de fazer o filme.) Depois, eles podem obter direitos de autor por exibir os filmes na TV ou em serviços de streaming de terceiros. Como tudo isso seria afetado por fazer mais streaming? As outras fontes de receita secariam? Quão rapidamente?

A Disney já tinha visto suas receitas começarem a cair, enquanto a Fox basicamente optou por sair do novo jogo vendendo seus ativos de produção cinematográfica.

O modelo de enriquecimento para streaming é totalmente diferente. A distribuição digital segue a lei dos *retornos crescentes*. A expansão global é mais fácil, e o custo de servir a cada novo espectador é mais baixo que o anterior. Após o custo inicial de conteúdo e tecnologia, os custos incrementais caem progressivamente. Alguns capitalistas de risco e empresas de investimento competem para apoiar empresas cujos modelos de enriquecimento baseiam-se nesse princípio. Como os novos modelos de negócio podem combinar lançamentos digitais e cinematográficos?

Qualquer organização bem-sucedida precisa aceitar que os gostos e expectativas dos consumidores continuarão mudando, assim como a tecnologia que fundamenta seu modelo de enriquecimento. As empresas precisam revisitar constantemente a experiência de ponta a ponta dos consumidores com uma visão no sentido de melhorá-la ou redesenhá-la totalmente.

A insatisfação com o status quo e uma busca pelo que vem a seguir são esforços humanos universais. Isso não reside em uma pessoa, departamento ou camada organizacional. O fluxo de ideias não pode ser travado pelas camadas burocráticas. Será que as pessoas nas empresas tradicionais aderem à mudança? O que acontece com as boas ideias que surgem? Quão rapidamente elas são convertidas em ação?

Os líderes de players tradicionais serão capazes de remodelar as práticas e mentalidades de suas organizações suficientemente rápido para deter as quedas nas receitas e superar os players que continuam a escalar?

Empresas estabelecidas possuem recursos, marcas, bases de clientes, pools de talentos e dados invejáveis que as startups digitais desejam. Mas, indo adiante, isso não será suficiente. Cedo ou tarde toda empresa será confrontada por uma concorrente digital que joga com regras diferentes. Para concorrer com êxito, você precisa saber quais são essas regras e obedecê-las. O próximo capítulo as explica.

CAPÍTULO 2

NOVO MUNDO, NOVAS REGRAS

A Netflix expandiu exponencialmente e redefiniu o espaço de entretenimento de filmes exibidos em cinemas e TV linear para o streaming de conteúdo em múltiplos dispositivos, a qualquer hora, em qualquer lugar, até mesmo globalmente. Amazon, Airbnb, Uber, Lyft e outras empresas digitais também redefiniram seus mercados. Empresas tradicionais estão agora repensando seu próprio uso da tecnologia digital e preparando-se para jogar um jogo diferente. Algumas estão contratando chief digital officers, reforçando seus departamentos de análises de dados e recrutando empresas de consultoria para guiá-las em uma transformação digital. Outras estão alugando espaços em centros tecnológicos para criar suas próprias startups digitais. Elas estão precisando descobrir como pegar recursos de seu negócio central, que pode estar enfrentando concorrência crescente, e construir um futuro incerto.

Seu desafio é construir um núcleo digital o mais rápido possível para sobreviver ao inevitável declínio de seu negócio existente. Como trabalho diariamente com CEOs e líderes que ocupam cargos de diretoria, ouço sua profunda preocupação acerca das taxas de crescimento minguantes de suas empresas. O crescimento de receita de um dígito é a norma, e, para algumas, as receitas e lucros estão na verdade caindo e os investidores estão vendendo. Sua curva de receita fica assim:

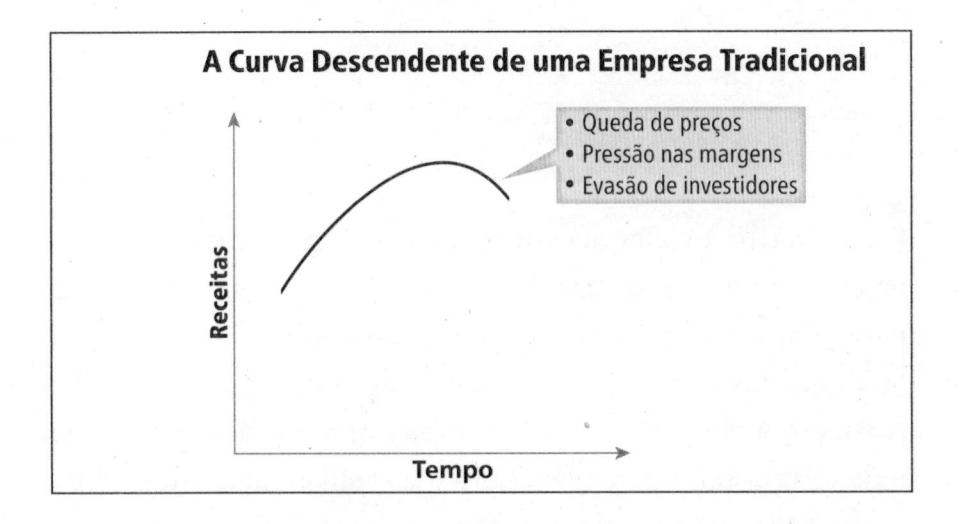

A Curva Descendente de uma Empresa Tradicional

- Queda de preços
- Pressão nas margens
- Evasão de investidores

(Eixo vertical: Receitas; Eixo horizontal: Tempo)

O dano a esses negócios outrora prósperos vem de duas direções: primeiro, dos atuantes digitais que entram em seu espaço com oferta e modelo de enriquecimento superiores, e, segundo, das concorrentes tradicionais que cortam os preços em seu próprio desespero por sobreviver, uma abordagem que pode destruir a lucratividade de todo um setor. O varejo é um desses casos. As já espancadas pela concorrência JCPenney, Neiman Marcus e J. Crew tiveram que pedir falência quando a Covid-19 chegou.

Qualquer empresa em busca de um caminho adiante deve começar entendendo as novas regras da concorrência. Vejamos novamente as regras que empresas digitais bem-sucedidas parecem seguir desde o início.

AS NOVAS REGRAS DA CONCORRÊNCIA

1. Uma experiência do consumidor personalizada é fundamental para o crescimento exponencial.

2. Algoritmos e dados são armas essenciais.

3. Uma empresa não compete. Seu ecossistema, sim.

4. Enriquecimento se destina à enorme geração de caixa, e não lucros por ação, e à nova lei de retornos *crescentes*. Investidores entendem a diferença.

5. Pessoas, cultura e concepção de trabalho formam um "motor social" que orienta a inovação e a execução personalizadas para cada consumidor.

6. Líderes descobrem, imaginam e superam obstáculos continuamente para gerar a mudança com a qual outras empresas devem competir.

As atuais gigantes digitais descobriram por acidente essas novas regras. A maioria dos fundadores teve pouca ou nenhuma vivência em empresas convencionais ou em cursos de administração. Mark Zuckerberg abandonou a faculdade, como Steve Jobs e Bill Gates antes dele. Eles simplesmente viram como a tecnologia podia transformar a vida das pessoas e encontraram novas formas de obter os recursos e talentos de que precisavam para proporcionar o que imaginaram.

Quando uma crença ou prática funcionava, eles se apegavam a ela e a desenvolviam, e pegavam boas ideias de outras empresas, inclusive dentre si. Pode ser que soubessem apenas intuitivamente no início o quão poderosas essas regras se mostrariam, especialmente em conjunto.

O Que É Diferente e o Que Não É

A motivação para dominar nos negócios jamais mudou. As gigantes digitais não estão menos determinadas a expandir e definir o ritmo das outras do que qualquer outra empresa já esteve.

Os componentes fundamentais do enriquecimento também são os mesmos. Receita, margem bruta, lucro líquido, fluxo de caixa e investimento de capital são conceitos universais que se aplicam a todo tipo de negócio em todos os países ao redor do mundo. Eles jamais mudarão, apesar de os relacionamentos entre eles serem hoje diferentes, como explicarei no Capítulo 6.

Algumas vantagens competitivas convencionais persistem, como marca, reputação, patentes e tecnologias próprias. E para empresas que demandam muito capital, como fabricação de aço e automóveis, a escala ainda importa. Mas muitas das barreiras de entrada tradicionais já não se sustentam. Escala de distribuição, por exemplo, não é uma barreira quando empresas vendem diretamente ao consumidor. Procter & Gamble, Kimberly-Clark e Unilever têm cadeias de distribuição bem desenvolvidas e relacionamentos de longa data com as cadeias de varejo que dão a seus produtos espaço em prateleira, mas a Amazon supera essa barreira entregando produtos diretamente na porta do consumidor.

De longe, a maior diferença na criação de vantagem competitiva antes e depois da chegada da era digital é a velocidade de ação e reação competitivas. Todas as empresas atualmente operam em uma via extremamente rápida que apresenta curvas e desvios sem aviso.

Isso significa que, independentemente de quão bem uma empresa esteja se saindo, o negócio pode ficar para trás rapidamente quando uma concorrente entra na frente de repente. Jeff Bezos, da Amazon, que aumentou a frequência e a velocidade de mudança para tantas outras empresas, entende que o sucesso nunca é permanente. Seu famoso mantra "Dia 1" (também o nome do prédio que abriga seu escritório) reflete uma luta diária contra a complacência. Como escreveu em seu primeiro relatório anual em 1997, "O dia 2 é a estase. Seguida por irrelevância. Seguida por um declínio torturante e doloroso. Seguido por morte. E, por *isso, é sempre* Dia 1".

Todo movimento radical gera reações decisivas dos principais players, de modo que a ordem competitiva está em constante fluxo. GM, Ford e Chrysler desfrutaram por décadas de sua posição dominante na fabricação de automóveis até que as subjugadas montadoras japonesas superaram as norte-americanas com novos sistemas de gerenciamento e técnicas de fabricação. Na era digital, nenhuma empresa permanecerá ilesa por tanto tempo.

Atualmente, quando alguém lança uma nova ideia no mercado — pense em Uber, Spotify ou Instagram —, aquele negócio pode amadurecer muito rápido. Os sistemas de distribuição, cujo desenvolvimento exigia recursos financeiros enormes, podem ser contornados. Os consumidores, mesmo em locais remotos, podem descobrir novas ofertas quase instantaneamente, graças às mídias sociais. Então, você precisa conquistar seu lugar — continuamente. A vantagem competitiva será passageira a menos que você inove continuamente para o consumidor, busque e execute em novas vias de crescimento.

Os Bloqueios para Seguir Adiante

No restante do livro explicarei o que você precisa saber para entender e adotar as novas regras de concorrência. Ao mesmo tempo, você precisa se esquecer das suposições e regras que eram verdade no passado e lhe foram incutidas durante sua carreira. Elas costumam ser impedimentos hoje, limitando sua perspectiva e sua imaginação. Aqui estão as mais comuns:

Dependência de teorias ultrapassadas. As diretrizes nas quais uma geração de líderes empresariais se baseou para crescer e concorrer foram criadas há décadas. A economia mudou desde que Michael Porter redefiniu o planejamento estratégico com seus livros clássicos, *Estratégia Competitiva* e *Vantagem Competitiva*, na década de 1980, e desde que o finado C. K. Prahalad e Gary Hamel nos ensinaram sobre intenção estratégica e competências centrais na década seguinte. Conceitos de líderes de opinião em épocas anteriores na Bain & Company, McKinsey & Company e

Boston Consulting Group (BCG) foram tremendamente úteis para milhares de líderes empresariais ao redor do mundo e são pilares de programas de MBA. Porém, falham quando se trata de dar às empresas margem competitiva na economia digital de hoje.

A análise das cinco forças de Porter concentra-se principalmente em obter participação de mercado ao gerenciar barreiras de entrada e saída e desenvolver uma de duas estratégias genéricas: custo mais baixo ou diferenciação. O modelo defende que as empresas constroem vantagens competitivas sustentáveis por meio de patentes, reconhecimento de marca, distribuição ou escala, o que exige um investimento enorme de capital. Mas muitas dessas barreiras não foram capazes de resistir a empresas de e-commerce, como a Amazon e o Alibaba.

A análise competitiva baseou-se em um conjunto de players conhecidos em um único setor claramente delineado. Desde então, Uber, Lyft e outras empresas de compartilhamento de caronas invadiram a indústria automobilística e nos fizeram definir um novo mercado de "mobilidade". Repentinamente, a Uber está roubando consumidores que poderiam comprar produtos Ford ou GM. Semelhantemente, as fronteiras da indústria hoteleira se desfizeram agora que os viajantes podem acessar espaços não utilizados nas casas das pessoas ou reservar "experiências" de viagem que incluem acomodações não convencionais como casas na árvore e barcos, e atividades como degustação de vinhos e música por meio do Airbnb.

A mudança costumava ocorrer de forma incremental e mais lenta; as empresas passavam semanas e meses analisando o cenário competitivo e elaborando uma estratégia sólida, com a qual pretendiam se manter por anos. Atualmente, a mudança transformacional é a norma. Toda empresa tem que ser capaz de perceber o que tornará seus melhores planos obsoletos amanhã e mudar a direção rapidamente.

Tentar desenvolver-se com base em suas competências centrais pode ser um risco na era digital. Por quê? Porque isso tende a promover uma perspectiva de dentro para fora, estreitar a visão periférica do líder e limitar a imaginação. Tende a levar a movimentos incrementais em segmentos adjacentes (a Nike entrando no ramo de equipamentos esportivos, ou a Hertz expandindo para a locação de caminhões) ou à busca por novos usos de marcas existentes (o WD-40, desenvolvido para prevenir ferrugem, agora é vendido como um produto generalista usado em dezenas de aplicações, desde impermeabilizar luvas a limpar tacos de golfe), em vez de criar novos espaços de mercado.

As competências centrais têm vida útil. Elas se tornam obsoletas, e novas precisam ser desenvolvidas. Atualmente, por causa da disponibilidade de informação, o consumidor dita as regras; ainda assim, raramente vejo uma empresa descrever como competência central a compreensão da experiência de usuário de ponta a ponta. Varejistas tradicionais acordaram tarde para a realidade de precisar construir sua competência central em e-commerce. O Walmart, sob a liderança do CEO Doug McMillon, comprou a Jet.com para formar sua capacidade online e está experimentando como combinar vendas online com vendas nas lojas físicas.

Empresas que se apegam por muito tempo a uma visão estreita de suas competências centrais e não desenvolvem as habilidades recém-exigidas sofrerão muito. A Netflix e o Hulu logo desenvolveram sua capacidade de streaming. Já Disney, Apple, Amazon e WarnerMedia o fizeram muitos anos depois. A Fox demorou para desenvolver a competência de streaming, mas logo vendeu seus ativos de cinema para a Disney a fim de evitar danos financeiros graves.

Mesmo modelos de portfólio ou alocação de capital, como a famosa matriz da BCG que separa as empresas em quatro quadrantes (vacas leiteiras, estrelas, abacaxis e interrogações) com base na participação de mercado e na taxa de crescimento, falham ao presumir que as realidades atuais — e, portanto, nas quais o negócio deveria se concentrar — são altamente estáticas.

Uma psicologia dominante de incrementalismo e pensamento de curto prazo. Líderes que construíram suas carreiras em empresas que se concentram muito em lucros por ação e participação de mercado estão 100% focadas em um ano, mesmo que também façam projeções de três anos. Isso acontece em parte por causa de seus incentivos de compensação. Quando visito CEOs e pergunto a eles o que está acontecendo, é incrível o quanto eles soam iguais. Eles dizem algo como "Nosso trimestre está bom" ou "Batemos a P&G trimestre passado". Sua orientação é elevar essas métricas de curto prazo, mesmo que pouco.

Compare isso à Netflix, onde o CEO, Reed Hastings, se concentra em quantos assinantes estão na plataforma e qual é seu nível de comprometimento. Ele consegue monitorar essas métricas diariamente e fazer ajustes, mas também se volta para a tomada de decisões em longo prazo. A Netflix previu a possibilidade de perder acesso aos direitos de filmes e televisão de outras empresas e se antecipou para começar a criar seu próprio conteúdo.

Um ponto cego quando se trata de consumidores. Como membro de 7 conselhos administrativos, analisei cerca de 20 planos de negócios estratégicos de grandes corporações por ano durante os últimos 25 anos. Eles costumam ser apresentados em uma série de 100 ou mais slides do PowerPoint em um retiro de dois dias com o conselho administrativo em algum lugar chique. As apresentações são repletas de suposições sobre o futuro, dados históricos e conquistas, e incluem a chamada análise SWOT (forças, fraquezas, oportunidades e ameaças). Elas costumam mostrar um gráfico tipo taco de hóquei de números em forte crescimento após um declínio no desempenho do ano seguinte. Muitas são preparadas com a ajuda de uma empresa de consultoria de alto nível.

Adivinhe o que nunca incluem? Elas nunca mostram a vida útil de sua vantagem competitiva. Omitem uma descrição clara de por que os consumidores as preferem. Não refletem qualquer entendimento profundo da experiência de ponta a ponta do consumidor, a qual inclui todas as interações com a empresa desde a primeira exposição ao produto ou serviço até o uso e reparos ou manutenções posteriores. Por último, e mais importante, elas ignoram futuras concorrentes que podem entrar em seu espaço e como as ações e reações competitivas podem se desdobrar.

Quando as concorrentes ferozes Coca-Cola e Pepsi monitoraram diligentemente as preferências dos consumidores na década de 1980, o foco era mais quantitativo do que qualitativo. Mas números soltos não dão aos tomadores de decisão as ferramentas de que precisam para avaliar os principais indicadores e prever mudanças no comportamento do consumidor que refletirão nos números depois. A maioria dos líderes que subiu na carreira em empresas tradicionais está presa no jogo estreito dos números.

Aceitação das fronteiras existentes. Até pouco tempo atrás, organizar empresas em indústrias, e depois setores industriais, tinha uma finalidade. Além de definir o campo de atuação das empresas, também ajudava os investidores e analistas a fazer comparações significativas. Geralmente, essas definições — aeroespacial, defesa ou automotivo — baseavam-se em descrições físicas dos produtos feitos pelas empresas. Os analistas às vezes reclamavam da dificuldade de monitorar empresas, como a GE, que competiam em múltiplas indústrias, mas encontravam meios de simular um grupo de pares.

As gigantes digitais não se atentam a qual indústria devem ou não pertencer. Elas se concentram incansavelmente no consumidor e estão determinadas a oferecer uma nova experiência de consumo quando veem uma abertura. Elas pensam em termos de uma experiência de ponta a ponta mais completa, o que geralmente toca em múltiplas indústrias tradicionais. Enquanto a Netflix transmite entretenimento, também é capaz de disseminar produtos educativos. A Amazon começou no varejo, mas também é uma grande atuante em logística, computação em nuvem e propaganda.

Enquanto concorrentes tradicionais sentem a necessidade de seguir sozinhas, as gigantes digitais não estão confinadas por suas próprias quatro paredes. Se elas não têm capacidade de entregar o que o consumidor precisa, buscam meios de obtê-lo com players externos. Elas pensam em termos de sistemas abertos e ecossistemas. Quando a Tencent quis estender seu serviço de mídias sociais WeChat para turistas chineses em visita à Europa, fez uma parceria com a KPN, gigante holandesa de telecomunicações e TI, que criou um SIM card e alinhou um serviço de telecomunicação em menos de três meses.

A mesma diferença em fronteiras mentais se aplica ao financiamento. Empresas tradicionais são mais aptas a supor que investidores e financiadores reagirão como sempre — com ceticismo — se quiserem buscar um plano de crescimento ambicioso e caro. Ter um histórico de cumprir promessas claramente ajuda, mas as gigantes digitais não controlam suas ambições por medo de não poder financiá-las.

Crença em segmentação e mercados de massa. Nossos maiores avanços no padrão de vida ao longo do último século foram resultado da produção de bens em massa, o que os tornou acessíveis para grande parte da população. A produção em massa foi uma grande mudança geracional da era da indústria artesanal que a precedeu. Durante boa parte do século XX, a produção em massa e os mercados de massa evoluíram para segmentos de mercado; por exemplo, o Modelo T único da Ford levou à variedade de modelos da GM, o que toda montadora tem oferecido desde então.

O uso de algoritmos para personalizar uma experiência de consumidor, na maioria das vezes a custos menores, também muda novamente as expectativas. A realidade de que os algoritmos possibilitam entregar uma experiência personalizada a baixo custo deve ser absorvida e aplicada no planejamento e/ou entrega de todo produto ou serviço. Usar a economia da produção em massa para obter participação de um mercado de massa já não é um caminho confiável para a vantagem competitiva. Contra uma concorrente digital, até mesmo buscar servir um segmento de mercado pode não ser suficiente. Os líderes devem lutar por personalização em cada ponto de contato na jornada do consumidor. Como você verá no próximo capítulo, uma investigação mais detalhada revelará oportunidades para criar um enorme novo mercado.

CAPÍTULO 3

ESPAÇOS DE MERCADO DE 10X, 100X, 1.000X

Regra 1: uma experiência do consumidor personalizada é fundamental para o crescimento exponencial.

Oportunidades na era digital podem ser muito maiores do que em qualquer outra época da história empresarial. Líderes de empresas digitais reconhecem seu potencial. Faz parte de seu DNA buscar oportunidades que possam escalar rapidamente. Eles pensam em termos de mercados que podem crescer 10 vezes, 100 vezes ou até 1.000 vezes mais do que o espaço de mercado atual.

Na década de 1970, quando o processamento de informações das empresas era feito por enormes computadores mainframe vendidos por milhões de dólares, Bill Gates imaginou um mundo onde haveria um computador em cada mesa e em cada lar. Seria, acreditou ele, um mercado enorme. Computadores pessoais, ou PCs, não existiam, mas a tecnologia tinha começado a se mover nessa direção, com maior poder de computação em chips semicondutores menores fabricados a custos cada vez menores. Então, por que a ideia de Gates não seria viável já que a indústria continuava a evoluir? Claro que era, e hoje a maioria de nós tem um computador acessível e fácil de usar no bolso, na forma de celulares.

Varejistas tradicionais há muito tempo são limitadas pelo raio geográfico em que operam. Falando relativamente, é preciso muito tempo e muito capital para expandir seu alcance. Mas a internet apaga essas barreiras geográficas. Ela coloca praticamente todas as 7,2 bilhões de pessoas ao alcance de gigantes digitais como Amazon, Alibaba, JD.com, Tencent, Rakuten, B2W e atualmente, por fim, Walmart. Demorou mais de 50 anos para o Walmart atingir o valor de mercado de US$337 bilhões. A Amazon gerou quase três vezes esse valor de mercado — cerca de US$940 bilhões no início de 2020 — em menos de 25 anos. Suas receitas foram de 0 a US$280 bilhões nesse tempo, crescendo 20% entre 2018 e 2019 apenas.

Os líderes das gigantes digitais atuais trazem imaginação ilimitada e pensamento amplo para a equação. Mas o que também distingue seu pensamento é manter um foco restrito no consumidor individual em tudo o que fazem. O consumidor orienta todas as decisões que eles tomam.

Primeiro, eles vão fundo atrás de insights sobre o comportamento do consumidor. E, usando seu conhecimento básico de tecnologia algorítmica, formam uma ideia sobre como transformar alguma parte da experiência de vida total do consumidor. Esses líderes desenvolvem uma visão concreta da experiência do consumidor que querem criar e dos motivos específicos pelos quais o consumidor a preferirá.

A principal pergunta para esses líderes digitais enquanto tomam decisões sobre sua empresa é: como consumidores individuais se beneficiarão disto? Eles trabalham incansavelmente em prol do consumidor individual e remodelam o panorama empresarial de qualquer forma necessária para entregar a experiência que imaginam. Quando acertam nessa visão, a notícia logo se espalha (pela internet), e o novo espaço de mercado se expande rapidamente. Às vezes os consumidores mudam seu comportamento por causa disso, e suas expectativas mudam quase continuamente.

Oferecer entrega grátis em dois dias nos EUA por uma tarifa anual fixa foi uma aposta arriscada da Amazon há mais de uma década. Mas o CEO, Jeff Bezos, partiu da premissa de que os clientes iam querer aquilo e contou com as enormes habilidades operacionais de sua empresa e com o uso de dados e algoritmos para elucidar como tornar isso economicamente viável. A Amazon entendeu onde comprar novos centros de distribuição e como usar a tecnologia para operá-los com altíssima eficiência. Agora, ela tem uma competência central incomparável em logística. Segundo um ex-executivo da Amazon, o custo de entrega acabou sendo reduzido em dez vezes.

Novas ideias para suprir necessidades dos clientes associadas à granularidade e ao acompanhamento são muito mais potentes do que declarações puramente ambiciosas como "Seremos maiores que a concorrente X" ou "Esperamos atingir receitas de US$200 bilhões".

Atualmente, graças à Amazon e a outras empresas, todos esperam uma entrega rápida e conveniência. Isso inclui empresas que compram de outras empresas. Essa é uma expectativa que está colocando muitos concorrentes tradicionais na defensiva e forçando-os a mudar. Tais players estão em desvantagem porque precisam concorrer em um mercado em mudanças rápidas e definido por outros. Quer a Uber sobreviva em longo prazo ou não, ela e outras empresas de compartilhamento de caronas, como Lyft e Didi Chuxing, levaram as grandes montadoras a se ajustarem à economia dinâmica de seus negócios. As fabricantes de carros estão se retirando de certas localidades, diminuindo radicalmente o número de modelos que oferecem e mudando seu foco da fabricação para a mobilidade.

O Walmart renasceu e está lutando contra a Amazon. Ele tem construído seu negócio de e-commerce e buscado formas de interligá-lo às suas lojas físicas. No Brasil, a varejista tradicional Lojas Americanas criou a B2W, uma startup de e-commerce que ficou muito à frente da Amazon e do Walmart, que entraram na América Latina depois. Na Índia, onde Amazon e Walmart concorrem entre si — o Walmart, por meio de participação majoritária, comprou a gigante indiana do e-commerce, Flipkart —, as duas gigantes digitais estão sendo desafiadas por uma startup online financiada pela Reliance Industries, a segunda maior empresa da Índia. A Reliance está usando a enorme quantia de dinheiro que seu negócio de refinaria gera para colocar a JioMart em pé de igualdade com as duas líderes do e-commerce. No início de 2020, todas as três empresas estavam perdendo dinheiro e consumindo caixa.

Na minha opinião, uma das maiores vantagens dos líderes de empresas que nasceram digitais é sua liberdade psicológica para imaginar algo que não existe e como um consumidor pode se beneficiar disso. Tudo o que suas empresas fazem está alicerçado nas realidades da experiência do consumidor e em como melhorar uma parte de suas experiências de vida. Os adjetivos que vêm à mente são *mais barato*, *mais rápido*, *mais conveniente* e *descomplicado*. E eles se aplicam a bancos, buscas, mídias sociais, compras, entretenimento, viagens — escolha o empreendimento humano.

Tais líderes não parecem limitar-se pelas habilidades existentes da empresa. Mesmo quando têm uma competência central bem estabelecida, eles não ficam presos tentando alavancá-la. Preocupam-se mais com qual nova experiência os consumidores desejarão. Não aceitam as fronteiras comuns de indústria, mercado ou segmentos de mercado. Na verdade, eles costumam costurar atividades de múltiplas indústrias para formar sua versão (veja mais a respeito disso no Capítulo 5).

A Grande Mudança de Mentalidade

A maioria das empresas atinge os consumidores por meio de diversos elos na cadeia de distribuição. Uma empresa que fabrica refrigeradores vende seus produtos para lojas de varejo como Best Buy e P. C. Richard, onde os consumidores pesquisam diversas marcas e modelos. Os fabricantes geralmente consideram a loja de varejo um cliente.

Muitas empresas são bem-sucedidas há décadas em virtude de seus relacionamentos fortes com as atuantes que são próximas na cadeia de valor. Contanto que a empresa entendesse o que seus consumidores imediatos queriam e os mantivesse felizes, seu negócio estava seguro. E, enquanto esses clientes imediatos não sofressem disrupção, tudo corria bem.

Tal perspectiva não mudou radicalmente. Toda empresa deve entender que seus consumidores finais são seres humanos que consomem ou utilizam os produtos ou serviços que sua empresa oferece ou com os quais contribui. Uso intencionalmente as palavras *consumidor* e *usuário final* em vez de *cliente* neste capítulo para reforçar essa distinção importante. Toda empresa chamada B2B (business to business) ou empresa industrial deve estar tão fixada no usuário final como um varejista ou fabricante de bens de consumo.

Há muito tempo a Microsoft tem sido uma empresa B2B tradicional vendendo seus softwares para fabricantes de computadores, mas, sob a liderança da CEO, Satya Nadella, mudou sua mentalidade para concentrar-se nos usuários finais. A empresa ainda vende ferramentas de software diretamente para as empresas, mas hoje com uma perspectiva diferente. Nadella e sua equipe reconheceram que seus produtos são usados diariamente por milhares de seres humanos, então, em muitos aspectos, a Microsoft é uma empresa direta ao consumidor. A força de vendas tornou-se a equipe de "sucesso do consumidor", responsável por reunir um fluxo contínuo de feedbacks dos usuários e incentivada a descobrir novas necessidades e novas formas de torná-los mais produtivos. As posturas mudaram de "sabemos tudo" para "temos que aprender do que os usuários realmente precisam".

Essa mudança alterou a linha de produtos da Microsoft e reativou seu crescimento. Quando os PCs caíram, e com eles o principal mercado da Microsoft, a empresa mudou suas ofertas de modo a ter suporte para dispositivos móveis, conectividade, colaboração, visualização e inovação contínua. Ela apostou em três novas tecnologias — IA, realidade mista (combinando o mundo físico com realidade virtual) e computação quântica — e criou uma variedade de ferramentas que os consumidores podem basicamente alugar ou assinar, tornando-as acessíveis a startups. A mudança de perspectiva para os usuários finais reverteu o crescimento lento da Microsoft e a colocou em uma trajetória totalmente nova.

A menos que uma empresa faça produtos para consumidores, ou venda diretamente para eles, ela provavelmente passa pouco tempo dissecando esse universo. Porém, é aí que está a ação. É onde as empresas expõem vulnerabilidades profundas, e também onde estão as grandes oportunidades. É onde a insatisfação do consumidor se agrava e os problemas do dia a dia passam despercebidos. É assim que empresas e líderes obtêm pistas — por exemplo, da comunicação irrestrita que ocorre nas mídias sociais — a respeito do que deixa os consumidores infelizes ou em direção a que estão se movendo. O consumidor é a fonte final de ideias que podem levar a anos de crescimento exponencial.

Alguns líderes empresariais concentram sua tomada de decisão em concorrentes diretos. Eles acompanham a participação de mercado e analisam coisas como estrutura de custos, reconhecimento de marca, espaço de distribuição e o poder de precificação das quatro ou cinco empresas que dominam sua indústria. Sua energia se concentra em melhorar um pouco os produtos que fabricam ou os serviços que oferecem. Eles tendem a estar centrados no produto e a depender de campanhas de marketing de massa e anúncios em periódicos para estimular sua demanda.

Por mais difícil que possa ser para as pessoas treinadas em análise da indústria centrada na concorrência mudarem sua mentalidade, a visão linear sequencial da cadeia de valor deve virar 180°, de competir para ganhar consumidores no próximo passo de sua cadeia de valor, para aprender sobre o consumidor final:

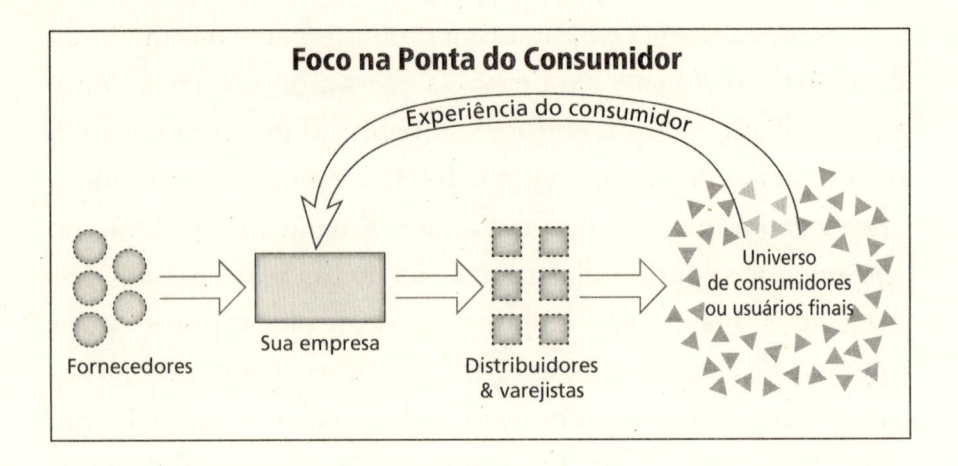

```
┌─────────────────────────────────────────────────────────┐
│              Foco na Ponta do Consumidor                │
│           Experiência do consumidor                     │
│                                                         │
│   ○○○  →  [Sua empresa]  →  [▦]   Universo              │
│                             [▦]   de consumidores       │
│   Fornecedores              [▦]   ou usuários finais    │
│                         Distribuidores                  │
│                         & varejistas                    │
└─────────────────────────────────────────────────────────┘
```

As gigantes digitais concentram-se constantemente na experiência total do consumidor e trabalham de trás para a frente. Jeff Bezos, da Amazon, olha instintivamente — talvez compulsivamente — para as coisas sob a perspectiva do consumidor. Ele está constantemente tentando melhorar as coisas a partir dessa posição estratégica.

Qualquer um que defenda uma nova iniciativa na Amazon precisa começar o processo de aprovação com um documento narrativo de seis páginas explicando o que o consumidor ganha (a Amazon usa o termo *consumidores*). A equipe esboça uma nota de imprensa e um conjunto de perguntas frequentes que a força a refletir sobre os benefícios sob a perspectiva do consumidor — quais problemas resolve e como isso funciona para o consumidor (o preço, a tecnologia por trás, quais decepções podem haver e coisas do tipo) — antes que qualquer trabalho comece. As métricas quantitativas para as contribuições exigidas e resultados esperados vêm mais tarde no processo de aprovação.

O princípio geral de foco no consumidor é fácil de aceitar em uma varejista online como a Amazon, mas se aplica a todas as gigantes digitais: Alphabet (empresa-mãe do Google), Facebook, Netflix, Twitter. A experiência do consumidor orienta tudo o que fazem, não a concorrência ou suas competências centrais. *Como podemos criar uma melhor experiência do consumidor?* A concorrência importa apenas no que diz respeito à experiência do consumidor. Como outras atuantes digitais podem mudar essa experiência e as expectativas do consumidor? Bezos explicita sua prioridade: "Quando temos a opção de sermos obcecados pelos concorrentes ou pelos consumidores, sempre optamos pelos consumidores."[1]

Um foco nos consumidores fica empolgante quando você percebe que tecnologia e internet criam inúmeras novas opções de como servi-los. Atualmente, é possível reunir dados sobre cada consumidor individual (o Facebook tem 2,3 bilhões deles) e usar essas informações para servi-lo melhor. Minha própria abreviação para essa ideia é M=1, na qual M é um segmento de mercado e existe apenas uma pessoa nele.

Mercados de Um

M=1 é a última palavra em personalização. É o fundamento da vantagem competitiva que cria enorme valor para consumidor e acionistas ao mesmo tempo.

Já na década de 1990,[2] Jeff Bezos previu que sua empresa um dia personalizaria uma versão do site para cada comprador com base em suas preferências particulares. Recomendações de compra personalizadas são comuns hoje em dia, como as recomendações de filmes personalizadas com base em seu histórico de visualização. Os consumidores que a princípio se espantam com a personalização logo se adaptam e passam a esperá-la.

O diferente na era digital é que uma experiência personalizada pode ser oferecida pelo mesmo custo, ou até menor, do que uma feita para um segmento de mercado maior. E, nesses casos, a personalização quase sempre vence. A personalização da Apple está em seu software. As opções de dispositivos que a empresa oferece podem ser limitadas, mas os usuários podem personalizar os recursos e escolher aplicativos para suprir suas necessidades particulares.

Sabemos que a Starbucks atende às preferências dos consumidores; ela oferece 170 mil opções de bebidas possíveis, segundo o site da empresa. Seu uso dos dados, sensores, nuvem e inteligência artificial hoje permitem que se envolva com os consumidores de forma ainda mais personalizada. Ela é capaz de enviar mensagens individualizadas para cada uma das 18,9 milhões de pessoas em seu programa de fidelidade. Um membro pode receber uma mensagem que diz "Acreditamos que você vai amar este novo Segredo do Cardápio — feito especialmente para você", enquanto outro pode receber "Está um dia nublado em SP. Se aqueça com nosso pumpkin spice latte!".

Como Matt Ryan, diretor de estratégia da Starbucks, disse à equipe do Boston Consulting Group que ajudou a desenvolver a habilidade de personalização da empresa: "Antes, nós enviávamos e-mails para segmentos de clientes muito grandes. Atualmente, somos capazes de fazê-lo de forma muito direcionada, e isso nos permite sermos mais eficientes e eficazes com nossas comunicações de modo a não ter que distribuir um desconto amplo. Podemos ser seletivos e oferecer exatamente o necessário para obter o nível incremental seguinte de envolvimento conosco."

Tecnologia é importante, mas o foco final é no consumidor. Como Gerri Martin-Flickinger, vice-presidente executiva e chief technology officer da Starbucks observa, "Tudo o que fazemos na tecnologia concentra-se em torno da conexão do consumidor na loja, a conexão humana, uma pessoa, um copo, uma vizinhança por vez".[3]

O custo mais baixo também ganha. Uma das estratégias mais importantes do Walmart nas primeiras décadas era diminuir os custos de logística e aumentar a produtividade, tornando assim as mercadorias acessíveis a muitas pessoas de baixa renda. Foi uma grande contribuição para a sociedade. Seu fundador, Sam Walton, levou a empresa a concentrar-se em custos mais baixos pelo bem do consumidor. Hoje, a tecnologia digital e a internet tornaram tanto o baixo custo quanto a personalização "imprescindíveis" para todo consumidor.

Uma empresa tradicional condicionada a desenvolver um grande mercado ao criar algo com apelo às massas pode errar totalmente o alvo. A chave é identificar uma experiência que possa ao mesmo tempo ser personalizada e atrair um grande número de pessoas, independentemente das fronteiras nacionais ou culturais.

Para imaginar uma experiência que possa ser personalizada e atrairá muitas pessoas, comece pensando na experiência de um único consumidor. Se você passou sua carreira em uma área funcional, como produção ou financeiro, que não têm conexão direta com o consumidor, isso pode parecer difícil. Mas pense em uma experiência de ponta a ponta na vida de uma pessoa — por exemplo, conforme ela trabalha, viaja, socializa, faz compras ou busca atendimento médico.

Mergulhe e descubra tudo sobre uma experiência específica — digamos, comprar um carro ou tirar férias — por meio de uma combinação de observação, análise, reflexão e sua própria experiência pessoal. Onde estão os pontos de atrito ou de frustração? Quais são os pontos de contato e os problemas?

Mapear a "jornada do consumidor" está surgindo como uma especialidade que inclui separar todas as interações e passos de decisão pelos quais um consumidor passa — desde a primeira exposição a uma ideia, ou reconhecimento de uma necessidade, até o que acontece depois que a pessoa faz a compra. Vi algumas empresas criarem equipes especiais para fazer esse trabalho e para atualizá-lo e melhorá-lo continuamente. A unidade de Personal Investing da Fidelity investiu uma imensidão de tempo e esforço no mapeamento de três tipos básicos de clientes e usa esse conhecimento para embasar grandes decisões (veja mais a respeito no Capítulo 7).

Por mais sofisticados que sejam os dados ou a metodologia, a análise da jornada do consumidor só é capaz de suplementar, e não de substituir totalmente, a observação crua do consumidor. Qualquer lojista pequeno lhe dirá que observar os consumidores e ouvir seus comentários é essencial para tomar decisões táticas como precificação e exibição de mercadorias. Mesmo na era digital, sua margem depende em parte de sua capacidade de obter insights a partir daquilo que você observa.

Todo líder e colaborador deve procurar oportunidades de observar diretamente os consumidores e refletir por que sua experiência acontece da forma que acontece. Por que as pessoas se comportam daquela forma ou fazem as coisas da forma que fazem? O que é insatisfatório para elas? O que um consumidor poderia desejar que fosse diferente? O que está faltando? Perguntas simples como essas podem gerar insights poderosos.

Acredito que os líderes que desenvolvem tal "sagacidade observacional", a capacidade de perceber coisas que os outros não veem, costumam ser aqueles acertam como seria uma melhor experiência do consumidor. Eles imaginam coisas que os consumidores sequer sonhavam que precisavam. Steve Jobs, da Apple, era famoso por fazer isso.

Por ter trabalhado com muitos líderes sênior ao redor do mundo em quase todas as indústrias, descobri que há um grande deficit de sagacidade observacional entre os maiores escalões de muitas empresas tradicionais. Ao longo de cerca de 50 anos tive inúmeras oportunidades de me reunir com eles informalmente, às vezes em suas casas, em arranjos tranquilos, onde suas prioridades, interesses e habilidades se mostraram claramente. Mas o que também ficou claro foi a grande brecha em sua compreensão da experiência de ponta a ponta do usuário.

Por outro lado, vi Tadashi Yanai, CEO da empresa japonesa de vestuário Fast Retailing, que abrange marcas como Theory e Uniqlo, vasculhar sua empresa global para escolher a dedo uma equipe de pessoas que, para ele, tinha uma sensibilidade genuína perante o consumidor. Ele reuniu o grupo, enviou os participantes a campo como antropólogos do consumidor e os trouxe de volta para compartilhar suas observações. Aqueles insights coletivos reunidos por colaboradores relativamente jovens e inexperientes guiaram as decisões na Uniqlo nos níveis mais altos de gerência. O próprio CEO tem instintos excepcionais acerca dos consumidores, e seu foco e treinamento fomentam uma cultura que valoriza a observação aguçada dos consumidores.

Kishore Biyani é fundador e CEO do Future Group, uma das maiores varejistas da Índia, que inclui a cadeia de hipermercados Big Bazaar, às vezes chamada de Walmart da Índia. Ele também fundou a Pantaloons, que se tornou a maior rede de vestuário da Índia. Apesar de supervisionar um império de varejo, ele faz questão de observar os consumidores pessoalmente. "Estou em campo duas vezes por semana", contou-me certa vez. "Sempre que vamos nos encontrar com as pessoas, visitamos as lojas e observamos os consumidores. O que eles estão colocando em suas sacolas de compras?"

Quando ele percebeu que garotas em vilarejos menores iam ao templo vestindo jeans, soube que uma mudança social estava acontecendo. Os compradores estavam propensos a serem mais receptivos ao vestuário ocidental. E o novo comportamento sugeria que as garotas estavam ganhando respeito e independência em sua cultura e, portanto, podiam ter mais influência nas decisões de compra. Biyani desenvolveu sua sagacidade observacional em um mundo analógico, mas ela é muito mais importante na era digital.

Conforme você pensa a respeito de como a experiência do consumidor pode ser melhorada ou até mesmo totalmente transformada, não se preocupe com o que sua empresa está preparada para fazer a respeito. Ao menos não por enquanto. Se logo no início você se apegar às coisas nas quais sua empresa já é boa — sua competência central —, é quase certo que limitará sua imaginação.

Por quase 40 anos, a grande maioria das empresas seguiram o princípio defendido por C. K. Prahalad e Gary Hamel, e depois Chris Zook, de desenvolver sua competência central. Essa prática é questionada hoje porque tende a concentrar as pessoas no retrovisor em vez de no futuro. As gigantes digitais demonstraram repetidamente que, em um mundo de rápida mutação no comportamento e no poder do consumidor, o que você fazia ontem pode ser irrelevante hoje. As empresas enfrentam dificuldades quando sua competência central se torna menos relevante para as necessidades e gostos em constante transformação do consumidor. Outras ascendem porque veem algo que os consumidores desejarão e acreditam que podem usar a tecnologia digital para fazer o que anteriormente era impossível.

Mesmo que sua empresa não tenha a capacidade de suprir uma necessidade não atendida, reconhecer a oportunidade pode motivá-lo a encontrar ou desenvolver essas habilidades. Ao menos você será capaz de prever como sua indústria ou cadeia de valor pode logo sofrer disrupção, onde você pode se encaixar e o que precisa mudar.

Criando um Futuro 100x

Acredito que os líderes de empresas tradicionais tiveram dificuldade em pensar grande o suficiente. Eles tendem a se contentar com melhorias incrementais, mas não deveriam.

Uma forma de criar um mercado totalmente novo é por meio da combinação de partes de indústrias existentes. Onde uma experiência gera frustração, porque a experiência que um consumidor realmente quer exige a conexão de atividades separadas de forma perfeita e invisível? Onde as coisas devem ser agrupadas? A empresa é capaz de criar um novo ecossistema e assim transformar a experiência do usuário de forma que satisfaça uma nova necessidade e reavive expectativas?

É necessário ter uma mente curiosa para fazer as perguntas certas, além de sagacidade observacional combinada à imaginação e ao conhecimento básico de seu negócio e de algoritmos para respondê-las. A habilidade, o conhecimento e a imaginação necessários para preencher esses espaços de mercado 100x não precisa se concentrar em uma pessoa. Como A. G. Lafley, ex-CEO da Procter & Gamble, disse, ideias podem vir de qualquer lugar. A renomada empresa de consultoria McKinsey & Company começou a usar hackathons nos quais um grupo diversificado de pessoas trocava ideias para identificar novas oportunidades.

Em última instância, o conceito de um espaço de mercado 100x precisa penetrar no retrato mental de uma experiência de usuário que possa ser transformada usando tecnologia, que possa ser personalizada e melhorada continuamente por meio do uso de dados, e que afinal gerará muito dinheiro conforme é entregue a custos incrementais cada vez menores em múltiplas localidades.

Vimos banqueiros de investimentos orientarem grandes melhorias na geração de dinheiro ao conectar ou desconectar partes de uma cadeia de valor (integração vertical) ou ao fundir empresas para consolidar-se dentro de uma indústria (integração horizontal). Essas jogadas, geralmente destinadas a reduzir estruturas de custos ou a controlar a parte mais lucrativa de uma cadeia de valor, podem ser perspicazes, mas estão reorganizando coisas que já existem.

Líderes na era digital assumem um desafio mais duro, porém mais empolgante: criar algo que ainda não existe e que *muitos* consumidores acharão desejável ou necessário. A Apple já vendeu 1,9 bilhão de telefones, e o número de usuários é ainda maior.

A Netflix tinha 167 milhões de assinantes cadastrados ao redor do mundo em janeiro de 2020 e um número maior de usuários. Na Índia, cerca de 500 milhões de pessoas têm acesso a telefones celulares atualmente e, graças às tarifas de uso extremamente baixas disseminadas pela operadora indiana Jio, o e-commerce está deslanchando. A suposição por trás da busca agressiva por números grandes é que os lucros se materializarão depois, quando a margem bruta subir exponencialmente. A corrida é para obter essa guinada mais cedo.

Decidir quais experiências você pretende oferecer depende em parte de sua avaliação do quão grande aquele novo mercado pode de fato ser. A internet é capaz de cruzar fronteiras geográficas, culturais e políticas instantaneamente. A tecnologia digital leva para próximo de zero o custo incremental de entrega dessa experiência de ponta a ponta aos usuários. A empresa se torna uma máquina de dinheiro, e esse dinheiro pode ser usado para aumentar mais o mercado.

Uma forma de estimular a imaginação é olhar para as coisas em escala macro. Veja a Amazon, por exemplo. Sua receita foi de cerca de US$220 bilhões em 2017. Quanto espaço sobra para uma gigante digital dessas crescer? Pense que o consumo mundial total é de cerca de US$25 trilhões — essa é a soma de tudo o que as pessoas ao redor do mundo compram em um ano. Compras online somaram cerca de 10% desse valor em 2017, totalizando US$2,5 trilhões. Espera-se que a proporção de vendas online cresça. Se o e-commerce crescesse de 10% para 20% do consumo total, ele se tornaria um espaço de mercado de US$5 trilhões. Vista por essas lentes, a Amazon está apenas começando.

A Amazon não está sozinha ao fazer esse tipo de reflexão ampla. Vejo isso na Adobe, na Netflix, na Microsoft e em outras grandes atuantes no e-commerce. Conforme a concorrência aquecer entre essas gigantes, elas provavelmente espremerão os players antigos mais lentos, menos ambiciosos e menos agressivos.

Meu conselho aos líderes é buscar novas ideias ao discutir com a equipe, com especialistas externos e com seus pares. Crie um pequeno grupo, certificando-se de incluir ao menos uma pessoa que domine algoritmos e que tenha faro para consumidores, e algumas pessoas mais novas que não deixarão a conversa desviar-se para práticas antigas. Identifique novas tendências que provavelmente serão sustentadas pelos próximos, digamos, dez anos. Mudanças demográficas são incontroláveis depois que começam e, embora as inovações tecnológicas possam ser difíceis de prever, a direção geral da tecnologia, a velocidade de computação e a inovação não são. Por exemplo, podemos esperar um aumento na velocidade de inovação em campos como medicina e ciências materiais conforme a inteligência artificial for mais desenvolvida e aplicada.

Identifique a Diferença de Preço

Independentemente de onde você esteja na cadeia de valor atual, um foco restrito no consumidor é essencial para detectar uma grande oportunidade para sua empresa e uma possível disrupção para outros: a diferença de preço entre o valor existente para o consumidor e qual valor *poderia* ser cobrado caso a tecnologia digital fosse criativamente aplicada. Indústrias ficam de cabeça para baixo quando alguém encontra um meio de explorar essa diferença em benefício do consumidor. Aqui está um diagrama genérico de onde encontrar a diferença de preço:

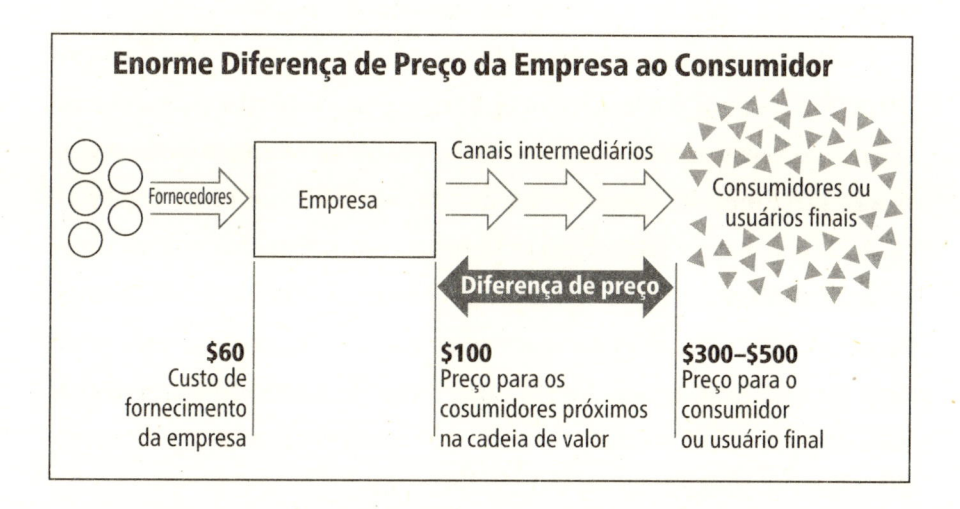

Enorme Diferença de Preço da Empresa ao Consumidor

Fornecedores → Empresa → Canais intermediários → Consumidores ou usuários finais

Diferença de preço

- $60 — Custo de fornecimento da empresa
- $100 — Preço para os cosumidores próximos na cadeia de valor
- $300–$500 — Preço para o consumidor ou usuário final

Digamos que custa US$7 para uma editora criar um livro, e uma varejista como a Barnes & Noble o vende por US$30. A diferença de preço aqui é de US$23. Bezos, da Amazon, vê esses tipos de diferença como oportunidades. A plataforma digital da Amazon facilitou que o consumidor comprasse um livro online, que seria então enviado diretamente de um "centro de realização" para a casa do consumidor. Ao eliminar a necessidade de os produtos serem levados de armazéns e distribuidores para lojas de varejo remotas, a Amazon consegue excluir muitos pontos percentuais dos custos que, de outra forma, se acumulariam.

A diferença de preço, medida em dólares, pode apontar uma oportunidade. Mas, no mundo digital, os benefícios ao consumidor se misturam. "Mais rápido, mais barato e mais conveniente" é a frase de efeito mais repetida, que descreve as múltiplas vantagens que um modelo direto ao consumidor digitalmente viabilizado oferece. Foi por isso que a Amazon assumiu uma liderança tão rápida e feroz contra os livreiros tradicionais há 20 anos, uma fórmula que aplicou a muitas outras categorias desde então.

Empresas digitais fazem tudo o que podem para se conectar diretamente com o usuário final. Empreendedores do e-commerce correram para preencher nichos diretos ao consumidor em tudo, desde colchões (Casper) e malas (Away) a lâminas de barbear (Harry's) e meias (Bombas). Quando os intermediários são eliminados, os custos são reduzidos. O consumidor se beneficia de preços mais baixos *bem como* de mais opções e maior conveniência. Os maiores ganhadores lutam para garantir que todo parceiro no ecossistema também esteja excluindo custos excessivos e buscando melhorar a experiência geral do consumidor.

Competindo em um Espaço de Mercado

Ao criar um novo espaço de mercado, você força outras empresas a jogarem seu jogo. Se você criou uma experiência do consumidor de ponta a ponta mais satisfatória, os outros são forçados a tentar se equiparar. E, enquanto entram na briga, ajudarão a expandir o espaço total de mercado. Desde que a Disney lançou o Disney+, por exemplo, o número total de assinantes de qualquer serviço de streaming e o uso total aumentaram.

O risco, claro, é que as novas concorrentes redefinam o jogo ao trazer um conjunto diferente de habilidades a ostentar, mudando novamente as expectativas dos consumidores. Apesar do domínio das gigantes digitais de varejo, por exemplo, a poeira ainda não baixou. A Amazon está fazendo testes com lojas físicas, enquanto o Walmart está expandindo fervorosamente sua presença online. Startups de e-commerce como Casper e Away abriram lojas em cidades selecionadas para que os clientes possam tocar e sentir seus produtos, e a Harry's agora vende suas lâminas de barbear na Target para alcançar consumidores que não gostam de comprar pela internet.

Enquanto especialistas da indústria debatem os méritos de todas as novas atuantes no streaming de vídeos, cada uma das grandes concorrentes tem um conjunto diferente de ativos. A Disney pode complementar seu serviço de vídeos Disney+ com parques temáticos, livros, brinquedos, jogos digitais e aplicativos criados em torno de seus personagens e histórias. A WarnerMedia tem estúdios de cinema, e a HBO e a Apple têm dispositivos e software, enquanto a Netflix é puramente um serviço de streaming com a capacidade de criar conteúdo. A pergunta crucial, porém, continua sem resposta: qual experiência o consumidor preferirá?

Novas entrantes também podem afetar os preços. Na época pré-digital, novos produtos criaram novos espaços de mercado que geralmente demoravam anos para amadurecer. Veja os DRAMs (*dynamic random access memory chips* — memória dinâmica de acesso aleatório), que em determinado momento eram uma invenção e um espaço de mercado totalmente novos. Ao longo do tempo, concorrentes entraram, a oferta superou a demanda, toda a indústria foi comoditizada e a lucratividade despencou. É possível que a guerra de streaming crie um cenário semelhante, no qual a oferta supere a demanda, resultando em uma queda de preços e lucratividade. Alguns espaços de mercado digitais poderiam ver a lucratividade cair tão rápido quanto o mercado se expandiu. O e-commerce na Índia é um caso em questão. A recente expansão foi altamente motivada por três atuantes digitais: Amazon, Flipkart (controlada majoritariamente pelo Walmart) e uma nova atuante abastada, a Reliance Industries. A Reliance possui a provedora de telecomunicações Jio e uma grande cadeia de varejo. No início de 2020, ela lançou o JioMart, seu site de e-commerce. O Alibaba também tem presença crescente na Índia.

Na corrida pelo domínio mundial, a Índia tornou-se um campo de guerra crucial entre esses colossos. Com mais indianos usando celulares e diversos players tentando agressivamente tornar a experiência de compras online conveniente e atraente, o espaço de mercado está pronto pra expandir. A briga por consumidores se intensificará. Essas empresas sabem que a aquisição de consumidores é cara, mas absolutamente essencial, e que os lucros podem não aparecer por um tempo.

Cada uma das gigantes está procurando uma vantagem. Reconhecendo que um número crescente de novos usuários vive em cidade menores, por exemplo, a Amazon instalou 15 mil locais pelo país onde as pessoas podiam obter ajuda para navegar em seu site. Ela simplificou o aplicativo móvel de modo a consumir menos bateria e criou um aplicativo em Hindi, a língua mais popular na Índia.

A Flipkart, uma iniciante local, foi fundada em 2007 por dois ex-colaboradores da Amazon. Ela foi abastecida por múltiplas rodadas de captação de recursos, entre elas US$2,5 bilhões do Vision Fund do SoftBank, para tornar-se a maior empresa de e-commerce da Índia. Então, o Walmart comprou 77% de participação da Flipkart por US$16 bilhões, uma jogada que o CEO do Walmart, Doug McMillon, viu como a forma mais rápida de entrar nesse mercado crescente. Para concentrar seus esforços na Índia, o Walmart se retirou do Brasil e do Reino Unido.

Uma guerra de preços já havia acontecido quando uma força inesperada — o governo indiano — interviu. Sob pressão de comerciantes menores, o governo restringiu o tamanho do estoque de empresas estrangeiras. Empresas não indianas também tinham que abandonar a prática de oferecer descontos e exclusividades para consumidores selecionados. As novas regras viraram o jogo em favor do novo empreendimento da Reliance, que é voltado à conexão com lojas familiares que são predominantes por toda a Índia.

As participantes estão acelerando a expansão do mercado na Índia. Espera-se que a receita do e-commerce na Índia[4] cresça de US$39 bilhões em 2017 para US$120 bilhões em 2020, uma taxa anual de 51%, a maior do mundo. Pode-se argumentar que todos os players no e-commerce se beneficiarão da expansão, mas apenas o tempo dirá para qual lado os consumidores irão e se a competição intensa entre as gigantes digitais fará a lucratividade cair no espaço.

O que é preciso para servir cada consumidor, em qualquer lugar, a qualquer momento, bilhões de vezes ao dia? Algoritmos! O próximo capítulo mostra por que uma plataforma digital de inteligência artificial e algoritmos de aprendizado de máquina é hoje o centro da vantagem competitiva de qualquer empresa.

CAPÍTULO 4

PLATAFORMAS DIGITAIS NO CENTRO DO NEGÓCIO

Regra 2: algoritmos e dados são armas essenciais.

Você não será capaz de criar uma experiência de ponta a ponta superior que seja personalizada para cada indivíduo *e* em escala a menos que esteja preparado para tornar centrais os algoritmos e dados em seu negócio. Simplesmente não há como contornar essa realidade.

Todas as gigantes digitais atuais têm uma plataforma digital — um conjunto de algoritmos costurados para coletar e processar dados — no núcleo de seu negócio. A maioria das empresas que nasceu digitalmente começou com uma versão simples de sua plataforma digital e a melhorou com o tempo.

Mesmo o Alibaba, cujo fundador, Jack Ma, não tinha um histórico em ciências da computação ou escrita de software, foi construído sobre uma fundação de algoritmos para reunir, processar e transmitir informações digitais. Em 1997, Ma viu uma oportunidade de usar a internet para facilitar transações entre compradores e fornecedores de produtos industriais, pelas quais o Alibaba receberia uma taxa. Sua startup de 17 pessoas incluía engenheiros de software e programadores com habilidade em ciências da computação e programação em Java. O crescimento exponencial da empresa, de zero a US$450 bilhões de valor de mercado em 2019, tem se baseado em melhorar sua plataforma digital original e criar novas plataformas como a Tmall para e-commerce e a Alipay para pagamentos eletrônicos.

Uma plataforma digital por si só não é uma vantagem competitiva duradoura, mas não ter uma é uma *desvantagem* competitiva em vista de tudo o que permite que a empresa faça. Uma plataforma digital é o que une um ecossistema, direciona e analisa os dados que fluem de e para um grande número de fontes, e personaliza a experiência de ponta a ponta do consumidor. Ela viabiliza novos modelos de enriquecimento, pode detectar padrões no comportamento do consumidor e fazer previsões com todos os tipos de implicações para eficiência e crescimento.

Habilidades Digitais versus Plataformas Digitais

Líderes de algumas empresas antigas são rápidos em gabar-se de que sua empresa está desenvolvendo sua capacidade digital. O que eles realmente querem dizer é que a empresa está usando algoritmos para melhorar alguns de seus processos internos, ou desenvolver um canal separado de vendas online. Esses esforços podem gerar custo-benefício e preservar algumas vendas que as lojas físicas estão perdendo, mas falham quanto aos benefícios que as gigantes digitais obtêm.

Ao combater o alcance em constante expansão da Amazon, por exemplo, muitas redes de lojas de departamento como Macy's e JCPenney criaram sites para que os consumidores pudessem comprar online. Seus negócios de e-commerce eram basicamente sobrepostos a seus negócios centrais e funcionavam em paralelo. As varejistas não transformaram sua logística e, na maioria dos casos, basicamente não mudaram a experiência de compra do consumidor. Seus modelos de enriquecimento continuaram praticamente iguais. Os lucros foram reduzidos, causando diversas ondas de fechamento de lojas.

A pandemia do coronavírus afetou muitos varejistas tradicionais tecnologicamente despreparados para a mudança repentina no comportamento do consumidor e com pouquíssimo dinheiro. Empresas baseadas em plataformas, como a Amazon, puderam se dispor a suprir as necessidades dos consumidores; e varejistas antigas, como o Walmart, cujas plataformas digitais estavam mais avançadas, foram capazes de adaptar-se rapidamente.

Não é segredo que tanto a Amazon quanto o Walmart vêm fazendo testes para encontrar uma combinação entre digital e físico que sirva melhor à comunidade. E, como observado no capítulo anterior, empresas de e-commerce menores como Casper, Away e Harry's têm lojas físicas atualmente. Quer as lojas físicas sejam inclusas no mix ou não, ter uma plataforma digital e acesso aos dados que ela gera deve ser crucial em como a empresa serve aos consumidores, opera e ganha dinheiro. Empresas antigas têm uma decisão a tomar: construir uma plataforma digital, gradualmente ou de uma vez; comprar uma, como o Walmart fez com a Jet.com e a Disney fez com o Hulu; ou juntar-se a alguma outra, como muitos varejistas menores e algumas empresas grandes de bens de consumo fizeram, usando plataformas de terceiros como o Shopify.

Obter a tecnologia necessária está ficando mais fácil e barato, então isso não deve ser visto como barreira. Não há a necessidade de contratar exércitos de tecnólogos para construir novos sistemas do zero. Algoritmos podem ser comprados e submetidos à engenharia reversa, assim como poder de computação, armazenamento de dados e até habilidades algorítmicas estão disponíveis na nuvem.

Em 2013, Piyush Gupta, CEO do DBS Bank de Cingapura, viu quão rápido empresas digitais como o Alibaba tinham dominado pagamentos e empréstimos online, e sabia que o DBS precisava mudar. O banco tinha um caminho claro para aumentar a receita servindo mais negócios pequenos e médios, mas as margens de lucro não chegariam nem perto das que os players digitais tinham. Gupta concluiu que o DBS tinha que montar uma plataforma digital e colocá-la no centro do negócio. "Não é apenas ter um monte de aplicativos", explicou ele. "É repensar a arquitetura tecnológica."

Gupta observara quão rapidamente até seus pais idosos haviam se adaptado à internet, e acreditava que as pessoas na empresa também podiam mudar. Para reforçar a transformação da empresa, ele e sua equipe mudaram os marcos referenciais. Eles falavam sobre a organização como uma empresa de tecnologia, não um banco, e se comparavam a empresas de tecnologia e não a empresas financeiras como o Morgan Stanley.

Meu amigo Krishna Sudheendra, CEO da UST, lembra-se de conversar com Piyush Gupta em uma reunião empresarial organizada por um fundo soberano. Sudheendra lhe disse que havia acabado de falar com alguns concorrentes de Gupta. "Sério, quais?" perguntou Gupta. "Pessoas do Citigroup e do Bank of

America", respondeu Sudheendra. Gupta o corrigiu rapidamente: "Eles não são meus concorrentes. Meus concorrentes são Google, Amazon, Alibaba e Tencent."

Em 2018, a *Global Finance* intitulou o DBS como "Melhor Banco do Mundo" — um prêmio com base em desempenho no ano anterior e também em outros critérios como reputação, excelência gerencial e liderança na transformação digital. Naquele mesmo ano, o DBS foi eleito o melhor banco digital do mundo pela *Euromoney,* que observou que o DBS tinha começado a ser avaliado como empresa digital.

Líderes de outras empresas devem abrir os olhos. Entender o poder de uma plataforma digital no centro de seu negócio é hoje tão essencial quanto entender cadeias de suprimento e finanças corporativas.

O Que a Plataforma Digital Realmente É

A plataforma digital é um conjunto de algoritmos que coletam e analisam dados. Cada algoritmo é uma sequência específica de passos para resolver um problema. É uma versão de software do que nossos cérebros fazem automaticamente. Seres humanos armazenam dados em qualquer formato bruto que recebem e utilizam-nos para decisões como fazer uma previsão.

Por exemplo, na Índia, onde minha família tinha uma loja de sapatos quando eu era criança, tínhamos que fazer previsões sobre a demanda por sapatos. Existem quatro estações na Índia, e a mais difícil é a chuvosa. Durante a estação chuvosa, um festival gerava um pico de demanda. Um período em que a maioria dos casamentos acontecia também gerava demanda significativa. Tínhamos que decidir quantos pares de sapato comprar, e de quais tamanhos e cores. Comprar em excesso não era uma opção, porque se o estoque ficasse parado acumularia umidade e apodreceria. O estoque também amarrava nosso dinheiro, uma preocupação essencial devido aos custos locais de empréstimos que costumavam ser de 24% ao ano.

Sem rádio ou jornais, que dirá computadores, para nos manter informados, íamos de bicicleta a vilarejos distantes cerca de 6km para conversar com os fazendeiros sobre as lavouras, e especulávamos sobre a época e a duração da estação chuvosa. Confiávamos em nossos cérebros para usar dados históricos a fim de fazer previsões com base nas probabilidades de múltiplos fatores. Eu e meus irmãos competíamos para ver quem seria mais preciso. Com mais dados ao longo do tempo, nossas previsões melhoraram.

Ao fazer isso, estávamos vivendo o teorema de Bayes, uma regra matemática inventada pelo reverendo Thomas Bayes em 1763 e usada na maioria das plataformas digitais atuais. Se você sabe a probabilidade de uma ocorrência em dados passados e integra novas informações, o teorema de Bayes pode prever a probabilidade de o evento acontecer no futuro. Esse princípio é utilizado em todo modelo matemático usado para fazer previsões e está no centro das pesquisas Gallup.

Os algoritmos agora vão além de ater-se a passos matemáticos. Aqueles que replicam processos de raciocínio mais complexos, como reconhecer padrões em palavras escritas e imagens, raciocinar e comparar respostas alternativas, caem no âmbito da inteligência artificial. O aprendizado de máquina, um subconjunto da inteligência artificial, descreve os algoritmos projetados para melhorar seus próprios resultados com base na experiência em realizar a tarefa. Esses algoritmos são usados para coisas como reconhecimento de fala e detecção de fraudes online. Meu ponto é que uma plataforma de algoritmos não é tão misteriosa quanto parece. Empresários não precisam inventar os algoritmos, só precisam saber o que são e o que podem fazer. Esse conhecimento ampliará a abertura da mente e incutirá a crença de que algo que não podia ser feito no passado agora é possível.

Veja o Google. No fim da década de 1990, os cofundadores Larry Page e Sergey Brin desenvolveram o devidamente batizado algoritmo PageRank que move seu mecanismo de buscas. Até então, as buscas na internet traziam resultados com base em quantas vezes um termo de busca aparecia, independentemente do contexto. O PageRank possibilitou classificar os resultados com base na ligação do item a outras páginas e à qualidade dessas páginas, ou sua "autoridade", como denomina John MacCormick, professor associado de ciências da computação no Dickinson College.[1] O PageRank gerava mais resultados de busca relevantes do que as alternativas existentes e foi crucial para o incrível sucesso da empresa.

Combinar e refinar algoritmos ao longo do tempo ajuda uma empresa a desenvolver vantagem competitiva. O Google faz mudanças contínuas em seus algoritmos, tanto melhorias incrementais frequentes quanto grandes melhorias ocasionais. Em 2018, ele fez 3.234 melhorias no Google Search, segundo seu site. E, em outubro de 2019, anunciou um novo algoritmo que promete retornar resultados melhores em uma a cada dez pesquisas. Como Rob Copeland relatou ao *Wall Street Journal*, o Google "explorou o aprendizado de máquina avançado e a modelagem matemática para produzir respostas melhores a pesquisas complexas e perguntas que geralmente confundem seu algoritmo atual". O Google acredita que a nova sequência de código — chamada de Bidirectional Encoder Representations from Transformers [Representações de Codificadores Bidirecionais dos Transformadores], ou BERT — está entre as maiores melhorias em pesquisa em cinco anos.[2]

Os algoritmos da Amazon nunca foram estáticos. No início da empresa, ela usava softwares comprados de uma derivada de um Media Lab do MIT. Os consumidores tinham que classificar algumas dezenas de livros e, com base nisso, o algoritmo recomendaria alguns outros. Mas, como Brad Stone descreve em seu livro *A Loja de Tudo*, o fundador Jeff Bezos achou que esse processo era muito trabalhoso para o consumidor. Então, pediu a uma porção de cientistas da computação em sua equipe que criassem algo melhor.[3]

Dentro de algumas semanas, eles criaram um algoritmo que fazia recomendações com base no que os consumidores de livros já haviam comprado. Foi uma demonstração inicial de como servir aos consumidores de forma individualizada. Como Stone escreve, aquele algoritmo, chamado Similarities, era "a semente que cresceria para se tornar um formidável esforço de personalização da Amazon".[4] Nos muitos anos desde então, a Amazon aumentou vários de seus postos de cientistas da computação, que criam, refinam e melhoram continuamente seus algoritmos.

Muitos algoritmos não são patenteados. Atualmente, qualquer empresa tem acesso a algoritmos de empresas como a Algorithmia que surgiu para suprir essa necessidade. O poder de computação necessário para armazenar e processar dados está hoje disponível na nuvem a preços variáveis. Mesmo quando pesquisadores de IA trabalham para uma empresa privada, alguns deles seguem um ethos de compartilhar seu trabalho com outros cientistas da computação. Eles exigem a publicação de ao menos partes de seus algoritmos como condição de sua contratação. Esses desenvolvimentos estão orientando o que alguns chamam de democratização da ciência da computação.

A margem competitiva de uma empresa não depende somente da tecnologia em si, mas também da seleção de algoritmos e dados. A Netflix não depende mais apenas de sua tecnologia de streaming para diferenciá-la. Essa habilidade pode ser desenvolvida, como a Disney fez com o Disney+. O mesmo acontece com as próprias plataformas digitais. Vi diversas empresas grandes desenvolverem uma plataforma digital usando uma combinação de softwares patenteados e disponíveis no mercado com menos de 12 pessoas e em menos de um ano.

A abordagem do Walmart foi *comprar* uma plataforma digital. Ele adquiriu a Jet.com em 2016 por US$3,3 bilhões. O Walmart tinha explorado o e-commerce desde o início dos anos 2000, mas, em 2008, ainda figurava apenas em 13° em vendas na internet, muito longe da Amazon.[5] Abrir o Walmart.com para vendedores terceirizados em 2009 aumentou a receita, mas não o suficiente. Doug McMillon, que tornou-se CEO do Walmart em 2014, viu a aquisição da Jet.com como uma forma de dar a partida. Com a aquisição vieram alguns algoritmos muito avançados para precificação dinâmica, bem como a expertise tecnológica de que o Walmart precisava. McMillon colocou o CEO da Jet.com, Marc Lore, e sua equipe como responsáveis pela plataforma de e-commerce norte-americana do Walmart, e a receita online do Walmart começou a crescer. Em 2018, apesar de ainda estar longe da Amazon, o Walmart ficou em terceiro em vendas gerais de e-commerce nos EUA.[6]

Algumas empresas tradicionais acharam a ideia de criar sua própria plataforma para atingir o consumidor final muito desafiadora, muito cara ou apenas desnecessária. A Shopify, do Canadá, foi criada para satisfazer essa necessidade. Ela relatou ter cerca de 800 mil empresas usando sua plataforma no segundo semestre de 2019.

O Que uma Plataforma Pode Fazer

Perguntas sobre o que você quer que uma plataforma digital faça são tão importantes quanto perguntas sobre como criar uma. Tentar converter um negócio existente em uma plataforma digital de uma vez é altamente arriscado. Uma abordagem "big bang" pode facilmente sobrecarregar a organização e danificar o negócio central, que provavelmente gera o dinheiro necessário para financiar as novas iniciativas. Por outro lado, uma abordagem gradual para criar uma plataforma digital pode tanto não conseguir diminuir a diferença das concorrentes online quanto não produzir qualquer vantagem competitiva real.

As empresas precisam de assessoria especializada para responder às perguntas importantes, tais como começar uma plataforma digital separadamente ou montar uma que seja simples sobre os sistemas existentes. Os fornecedores existem para ajudar a criar novos sistemas e superar problemas relacionados a SAP ou

ERP, ou infraestrutura de TI inadequada. Além disso, surgiram startups para oferecer modelos de IA pré-treinados e conjuntos de dados selecionados, ou para oferecer módulos de software do tipo arrastar e soltar [drag and drop] de modo que cientistas da computação internos não precisem desenvolvê-los.

A TensorFlow, por exemplo, é uma plataforma de ferramentas, bibliotecas e outros recursos de código aberto desenvolvidos para apoiar o aprendizado de máquina. O Google a criou inicialmente para seu próprio uso, a fim de implementar produtos como Search, Gmail e GoogleMaps. Mas a TensorFlow é hoje um sistema aberto que qualquer um pode acessar, e muitas empresas o fazem, inclusive Airbnb, LinkedIn, PayPal, Lenovo e GE. O PayPal, por exemplo, usa a TensorFlow para detectar padrões de fraude. Essa é uma das muitas ferramentas disponíveis por meio do Google Open Source.

Porém, o verdadeiro impacto da tecnologia depende da combinação do conhecimento sobre o que a tecnologia pode fazer com o julgamento empresarial acerca de como usá-la. Ótimas ideias costumam surgir de um punhado de pessoas com diferentes tipos de expertise trabalhando juntas. Vislumbrar a experiência do consumidor, o mercado, o ecossistema e os tipos de dados que você quer usar para qual propósito — essas são decisões que os seres humanos devem tomar.

Conceitualizar a plataforma será mais fácil se você pensar em suas muitas fontes de poder competitivo. A capacidade de personalizar uma experiência de consumidor de ponta a ponta, criar espaços de mercado de 100x, e combinar oferta e demanda como Uber, Lyft e Didi Chuxing fazem, é atualmente conhecida. Mas existem outras.

A capacidade de diminuir custos ao eliminar intermediários é importante. Mas um benefício igualmente poderoso de uma plataforma digital é a capacidade de fazer o preço mudar instantaneamente, frequentemente e de formas altamente direcionadas. A precificação baseada em informações minuto a minuto, que chegam por meio da plataforma digital de uma empresa, é especialmente difícil de ser superada pelas concorrentes físicas.

A *precificação dinâmica* possibilita ajustar os preços a mercados locais e, em alguns casos, a consumidores específicos. Ela permite a venda com preços menores do que os concorrentes e é uma proteção poderosa contra a obsolescência de estoques e picos repentinos de preços de commodities.

A Amazon talvez fosse boa *demais* em detectar discrepâncias quando um varejista terceirizado em seu Marketplace anunciou o mesmo produto em outro lugar com preço mais baixo. Ela exigia que os terceirizados oferecessem preços iguais ou menores em seu site, supostamente para proteger o comprador Amazon, ou o terceiro poderia ser expulso do Marketplace. Obviamente, essas comparações e ajustes aconteciam em velocidade computacional. Os varejistas terceirizados protestaram contra a política de precificação orientada por algoritmos da Amazon, alegando que ela os forçava injustamente a abaixar os preços, colocando suas margens de lucro em risco. Como solução, em meados de 2019, a Amazon apresentou um programa chamado Sold by Amazon [Vendido pela Amazon], que definia diretrizes de precificação destinadas a proteger as margens de lucro dos vendedores.

Como as gigantes digitais usam a precificação dinâmica para superar a concorrência, elas nunca perdem o consumidor de vista. A Amazon, por exemplo, é conhecida por sua eficiência implacável em levar os produtos do fornecedor ao consumidor. Seu comprometimento com o consumidor a levou a repassar o benefício em forma de preços mais baixos em vez de obter margens mais gordas.

Esse princípio está tão arraigado e amplamente conhecido que, quando CVS e Aetna se fundiram em 2018, alguns analistas especularam que qualquer melhoria nos custos da combinação das operações de gerenciamento de benefícios farmacêuticos das empresas teria que ser repassado aos consumidores. Por quê? Porque a Amazon tinha acabado de entrar na indústria farmacêutica ao comprar a PillPack, uma farmácia online, e era sabido que a Amazon utilizaria a eficiência de seu modelo direto ao consumidor para baixar os preços.

Uma plataforma digital também é crucial para o crescimento exponencial. Por um lado, os dados que ela reúne podem apontar para oportunidades de uma nova experiência do consumidor que possa ser entregue pela plataforma existente. Como mencionei no Capítulo 3, os dados já coletados sobre os consumidores individuais possibilitam suprir outras necessidades na experiência de vida total de uma pessoa com grande precisão e sem os custos associados à aquisição do consumidor.

Por isso, as receitas aumentam, assim como a margem bruta, pois os custos de obter aquela receita adicional são incrementalmente pequenos. Some a isso o benefício de usar dados e algoritmos para analisar novas ofertas e guiar melhorias direcionadas em cada iteração e você também reduz o custo de inovação.

Muitas empresas nascidas digitais nos mostraram quão rapidamente conseguem criar múltiplos canais de receita e aumentar as margens brutas usando a mesma plataforma básica. A Amazon expandiu suas fontes de receita com base na mesma plataforma digital para incluir vendas diretas, vendas de terceiros, propaganda e empréstimos.

A Qantas Airlines, uma empresa tradicional que renasceu como digital, usou sua plataforma digital para criar um novo canal de receita em uma área bem distante das reservas de viagem. Ela descobriu que a plataforma que usava para interagir com os viajantes que faziam parte de seu programa de recompensas podia ser usada para suprir outra necessidade que eles tinham: seguro-saúde. Quem compra seguro-saúde por meio da Qantas recebe pontos de viagem. E hábitos saudáveis, como caminhar, lhes garante ainda mais pontos.

Mas talvez a maior fonte de poder de uma plataforma digital seja sua capacidade de suporte a modelos de enriquecimento totalmente novos e diferentes. Uber, Lyft, Didi Chuxing e outras empresas digitais oferecem produtos e serviços com base em cálculos complexos que seriam praticamente impossíveis de processar sem os algoritmos. Com a mesma plataforma digital, elas estão agora expandindo para novos serviços e fontes de receita, como entrega de comida.

A Adobe Systems, conhecida por softwares como Acrobat Reader e Photoshop, usou uma plataforma digital e armazenamento em nuvem para transformar seu produto em serviço. Em vez de vender o software em CD ou licenciá-lo para ser baixado por uma tarifa única multimilionária, ela criou uma plataforma digital que permite que os usuários paguem uma assinatura para acessar os softwares de que precisam. Pagamentos periódicos conforme a necessidade libertam os consumidores de ter que fazer um grande investimento adiantado.

Os consumidores gostaram da opção de assinatura para usar os softwares da Adobe e escolher as opções que supriam suas necessidades particulares. O novo modelo de enriquecimento tornou os produtos mais acessíveis, o que é especialmente importante para startups sem dinheiro, e significa que o produto estará sempre atualizado. Isso reverteu o crescimento desacelerado da Adobe, explodindo o tamanho do mercado. Entre 2015 e 2019, as receitas mais do que dobraram e o valor de mercado da empresa subiu de US$40 bilhões para US$160 bilhões.

A Adobe antecipou-se em uma tendência maior promovida por outras empresas de transformar softwares em serviços. O acrônimo SaaS [Software as a Service — Software como um Serviço] hoje é comum, assim como suas muitas variações, inclusive, por exemplo, a DaaS — Disney as a Service,[7] que Matthew Ball, sábio especialista em mídias, investidor de risco e ex-diretor de estratégia na Amazon Studios, criou para descrever o que ele viu no novo modelo de negócios da Disney.

A Expansão Global Orientada por Dados do Alibaba

Nas mãos de líderes imaginativos, as plataformas digitais apresentam oportunidades quase infinitas para novas fontes de crescimento de receita. A Amazon descobriu que a infraestrutura digital que estava usando para apoiar vendedores terceirizados em seu Marketplace podia ser uma oferta ao consumidor totalmente nova. Andy Jassy, que comandava essa parte da empresa, teve a ideia em 2006 de tornar essa habilidade disponível a outras empresas por uma taxa. Assim surgiu a AWS (Amazon Web Services), que trouxe US$25,7 bilhões em receitas em 2018 e é atualmente a unidade mais lucrativa da empresa.

Enquanto Jassy desenvolvia e defendia o serviço pelo que acreditava que seria um enorme novo espaço de mercado, insistiu em minimizar sua lucratividade a fim de conter possíveis concorrentes. Isso funcionou por um tempo, mas Google, Microsoft, IBM e Alibaba entraram desde então. A AWS tinha quase metade da participação de mercado de computação em nuvem, ou Infraestrutura como Serviço, em 2018. E, enquanto o espaço total de mercado continua a se expandir, concorrentes de peso estão crescendo rápido e a concorrência é feroz.

Segundo a Gartner, Inc., a Alibaba Cloud registrou o maior crescimento entre as principais fornecedoras, crescendo 92,6% entre 2017 e 2018. A Gartner observou que a Alibaba Cloud atingiu esse crescimento ao explorar um ecossistema de empresas independentes que ofereciam serviços de infraestrutura e software. Esse arranjo preserva sua capacidade financeira de continuar a investir pesado em P&D e continuar sua expansão global.[8]

O Alibaba expandiu sua gama de ofertas tão ampla e rapidamente quanto a Amazon e provoca o mesmo tipo de trepidação entre as concorrentes quando faz uma nova jogada. Enquanto as duas empresas se sobrepõem em termos de mercado, elas não são exatamente paralelas. A incursão inicial do Alibaba no mundo online foi oferecer uma plataforma para conectar fornecedores menores a compradores industriais. Depois, incluiu a Taobao, que conectava indivíduos que queriam vender algo a indivíduos que queriam comprar, mais como o eBay do que a Amazon. Então, adicionou a Tmall, uma plataforma de e-commerce semelhante à

Amazon, e a Tmall Global, para fazer o mesmo além das fronteiras de países. No caminho, criou o Alipay, um sistema de pagamentos digitais, que desde então se tornou parte da Ant Financial, uma central para pagamentos e serviços financeiros.

A empresa é organizada em equipes que dão suporte a diferentes conjuntos de consumidores, com três camadas compartilhadas de tecnologia digital. Como Arthur Yeung e Dave Ulrich explicam em *Reinventing the Organization* [*Reinventando a Organização*, em tradução livre], a primeira camada de tecnologia compreende os vários sistemas necessários para apoiar o trabalho do dia a dia, como compras e assistência ao consumidor. A terceira camada é a infraestrutura de TI, que cuida de processos de rotina, segurança e armazenamento de dados.

A camada do meio é a plataforma digital no centro da empresa, a qual gera tremendo valor para o Alibaba e seus parceiros. Ela combina dados de todo o ecossistema e usa ferramentas algorítmicas para criar uma visão 360° do consumidor que é atualizada constantemente. Essa camada inclui a tecnologia que identifica "a convergência nos dados e as exigências de tecnologia de todas as empresas e transforma essas exigências comuns em módulos de serviço padronizados para serem usados pelas equipes como gerenciamento de mercadorias, gerenciamento de usuários, carrinho de compra, pagamentos, pesquisa e segurança".[9]

O Alibaba alavanca essa plataforma do meio para atrair novos parceiros e ajudar os existentes a ter sucesso. Ela oferece uma proposta única para grandes empresas, que é mais ou menos assim: "Aqui está nossa plataforma pronta para uso; trabalharemos com você para conectar-se a nossas ferramentas analíticas e permitir que os dados fluam." Os parceiros locais podem combinar os dados que o Alibaba coletou aos seus próprios, de lojas físicas e online, e usar ferramentas analíticas na plataforma para mirar mais precisamente o mercado, obter uma imagem mais completa do consumidor, fazer recomendações personalizadas e, além disso, servir melhor aos consumidores e ampliar seu negócio.

Quanto mais habilidades digitais o Alibaba desenvolve, mais dados acumula, e mais as empresas externas desejam se conectar à sua plataforma digital. O que é especialmente incomum na abordagem da empresa é que ela obtém uma participação no capital de alguns desses parceiros, de modo que os relacionamentos são consolidados e os benefícios de crescimento são compartilhados. Por exemplo, ela cofundou a empresa de entregas e rastreio Cainiao em 2013 e ampliou sua participação no capital em 2017. Além de ter 40% de participação na ShopRunner, um serviço de assinatura com entrega em dois dias.

O Papel Central dos Dados

A promessa do Alibaba de uma grande quantidade de dados a partir dos quais as empresas podem criar uma imagem completa do consumidor é uma oportunidade tentadora. Garantir um fluxo de dados para e a partir das fontes corretas é uma parte importante da vantagem competitiva de uma empresa. A qualidade, a confiabilidade e o momento dos dados são essenciais para a velocidade e a qualidade das decisões de uma empresa, quer os algoritmos tomem as decisões ou forneçam informações para apoiar o julgamento humano.

É preciso garantir que os dados necessários fluam livremente e possam se tornar compatíveis. Conforme seu uso, podem ser necessárias toneladas deles. O aprendizado de máquina e a inteligência artificial geram saídas de maior qualidade quando têm mais dados a partir dos quais "aprender". Isso é especialmente real para aplicações avançadas como veículos autônomos. Na verdade, a necessidade de quantidades enormes de dados para representar as tão variadas situações pelas quais os carros passam é um dos motivos pelos quais as empresas que buscam oferecer mobilidade têm formado ecossistemas tão grandes.

Boa parte dos dados nos novos ecossistemas é gerada por sensores nos próprios veículos. Na Internet das Coisas, os sensores são embutidos em todos os tipos de máquinas para coletar dados em tempo real para todos os fins. A GE usa sensores em suas turbinas, por exemplo, para ajudar a prever quando as peças precisarão de manutenção de rotina. Semelhantemente, a Schindler usa dados de sensores embutidos em seus elevadores para prever e diagnosticar falhas nos equipamentos.

Quer os dados sejam reunidos por sensores ou interação com consumidores, a plataforma digital deve ser projetada para capturá-los exatamente nos pontos certos. Ainda que o engajamento da Amazon com os consumidores seja bem conhecido, a empresa também reúne dados de pontos cruciais em suas operações, como no ponto em que a caixa é selada e fica pronta para ser enviada. O acesso aos dados certos, filtrados por meio dos algoritmos certos, permite respostas rápidas, sejam elas automatizadas ou não. Isso possibilita velocidade e eficiência na inovação ao permitir que ideias do "produto mínimo viável" passem por experimentação e iterações rapidamente.

Ao estabelecer seu ecossistema de assistência médica (que abordo longamente no próximo capítulo), a Apple está tentando superar duas das maiores barreiras ao fluxo de dados na saúde: legislações e confusão de formatos. Ela está buscando reconciliar os dados que vêm de diferentes entidades, inclusive seguros saúde, laboratórios, hospitais, clínicas e médicos, e codificá-los. Ela também codifica os dados que vêm diretamente dos aplicativos Health ou Watch da pessoa, dando ao consumidor controle sobre como são usados.

Boa parte dos esforços tecnológicos da Apple são invisíveis para quem está de fora, mas suavizar o fluxo de dados promete melhorar a entrega geral da assistência médica. Tim Cook e sua equipe na Apple devem ter desenhado o fluxo de dados enquanto desenvolviam seu pensamento sobre o ecossistema de assistência médica: do aplicativo Health de alguém às empresas de seguros e da seguradora ao indivíduo na forma de tarifas reduzidas e incentivos à atividade física; do aplicativo Health da pessoa ao médico e do médico à pessoa para revisar planos de tratamento; dos dados agregados a uma instituição de pesquisa e de uma instituição de pesquisa aos pacientes envolvidos em testes de remédios.

Obter dados é um desafio para as startups porque elas ainda estão construindo sua base de consumidores. Os dados podem ser comprados de terceiros, mas são caros. Empresas antigas têm quantidades abundantes de dados, mas eles geralmente estão soterrados em silos, formatados de forma inconsistente e são incompletos. Atualmente, os fornecedores podem criar uma única versão dos dados de forma barata, em alguns casos por menos de um milhão de dólares.

Esses desafios podem ser pensados pela colocação de perguntas básicas, como: de quais dados precisamos? Quais dados temos? Quão completos estão? Foram coletados no formato correto?

O Alibaba encontrou oportunidade nos dados aos quais já tinha acesso: as transações que os vendedores faziam em sua plataforma. Com a permissão de um vendedor, o Alibaba podia explorar aqueles dados para avaliar coisas como o sucesso de um vendedor e se seus parceiros tinham boas classificações de crédito. Os algoritmos puderam, então, prever seu crédito em tempo real e reduzir muito o risco nos microempréstimos a pequenas empresas. Esse conceito foi a base para a Financial, que o Alibaba lançou em 2012.[10]

A necessidade de armazenar quantidades massivas de dados levanta a questão de armazená-los por si mesmo ou usar um serviço em nuvem. Tenha em mente que, se sua empresa tiver sucesso, a quantidade de dados e o custo de armazená-los aumentará exponencialmente.

Os consumidores podem obter muito valor do uso de dados e algoritmos de uma empresa. Mas esse valor desaparecerá rapidamente se a privacidade ou a segurança forem comprometidas. Até então, os consumidores estão satisfeitos com a troca de dados por melhores serviços ou usos gratuitos. Eles assinam prontamente os longos acordos de termos de serviço que vêm com o uso de muitos sites. Mas os consumidores esperam que as empresas protejam suas informações pessoais e respeitem sua privacidade. Violações de dados espantam os consumidores, e propagandas *muito* certeiras geram preocupações. Mesmo os próprios algoritmos foram criticados por codificar e, por meio de aprendizado de máquina, amplificar vieses humanos em atividades desde o oferecimento de crédito até a seleção de candidatos a empregos e combate ao crime.

Conforme os dados permeiam nossas vidas cotidianas, protegê-los e utilizá-los adequadamente se torna uma responsabilidade grave. A adoção de veículos autônomos certamente será obstruída se os sistemas de computador que controlam todos os seus movimentos forem suscetíveis ao ataque de hackers. Ecossistemas de assistência médica serão prejudicados se a troca de registros médicos não for segura.

Tendo a história como guia, podemos supor que, onde há um problema, alguém em algum lugar está trabalhando em uma solução. Em 2019, o Google lançou uma série de ferramentas para ajudar as empresas a protegerem os dados pessoais dos consumidores, e alguns especialistas afirmam que os dados armazenados na nuvem são mais bem protegidos contra ciberataques do que dados armazenados em servidores de empresas.

Há tempos a Apple alega que privacidade é um de seus valores centrais, e sua ênfase em privacidade pessoal pode se mostrar como uma vantagem no contexto atual. Conforme entra na assistência médica, a empresa tem usado um modelo computacional "federado" que mantém os dados nos dispositivos das pessoas em vez de na nuvem, e aplica tecnologia de criptografia e outras medidas de segurança para proteger o acesso a esses dados.

Se as gigantes digitais quebrarem a confiança dos consumidores, porém mantiverem seu poder, os reguladores interferirão. A União Europeia já aprovou regras relativas a como as empresas armazenam, processam e compartilham dados. Reguladores e legisladores dos EUA farão o mesmo. Alguns deputados propuseram a criação de um código-fonte em algoritmos disponíveis para o público como uma verificação de possíveis vieses. O governo indiano entendeu que os dados são propriedade pública que todos podem usar com restrições específicas. Enquanto isso, um número crescente de cidades e estados proibiram o uso de reconhecimento facial por preocupações com privacidade e vieses inerentes. E, quando as pessoas descobriram que o Facebook havia compartilhado dados pessoais dos usuários com a empresa de consultoria política britânica Cambridge Analytica, a crítica pública foi intensa e o Congresso dos EUA realizou audiências que colocaram o CEO, Mark Zuckerberg, na berlinda. As gigantes digitais podem enfrentar restrições, mas não desaparecerão. Nem seus vigias.

A Expansão Baseada em Plataforma da B2W Digital

Empresas digitais que estão apreensivas com a possibilidade de construir um negócio em torno de um núcleo digital deveriam observar empresas que o fizeram. A Fidelity Personal Investing, um exemplo ilustre no Capítulo 7, é uma delas. A Lojas Americanas, maior varejista do Brasil, é outra.

Foi no fim da década de 1990, poucos anos depois de a Amazon começar a vender livros online, que os líderes da empresa varejista brasileira reconheceram o imenso potencial de dar aos consumidores a opção de comprar online. Eles plantaram as sementes do que se tornaria uma empresa separada e uma gigante digital por si própria: a B2W, uma empresa de capital aberto cujo valor de mercado em janeiro de 2020 era de R$37 bilhões, tornando-a uma das 30 empresas mais valiosas da bolsa de valores brasileira.

As compras online estavam surgindo no Brasil, como em todo o mundo, quando a Lojas Americanas criou sua plataforma de e-commerce, a Americanas.com. Ela ofereceria produtos como roupas; cama, mesa e banho; artigos de couro; celulares que complementavam os eletroportáteis; doces; brinquedos; produtos de higiene e beleza; e roupas íntimas.

Ninguém sabia muito sobre plataformas de compras digitais na época, mas a empresa encontrou pessoas com expertise para construir a plataforma e rapidamente consolidou seu lugar como líder no mercado emergente. Outra atuante também o encontrou, o Submarino, uma startup de e-commerce lançada na mesma época oferecendo produtos e ingressos online, viagens e crédito. O mercado de e-commerce era inexplorado, então havia muito espaço para Americanas.com e Submarino crescerem rapidamente, e elas cresceram. Elas dominaram o espaço de mercado, mesmo quando uma variedade de startups de e-commerce começou a entrar nele.

Em 2005-2006, os players do e-commerce começaram a se consolidar. A Americanas.com comprou o terceiro maior player no e-commerce, Shoptime, que também tinha um canal de compras na TV. E, no ano seguinte, se fundiu ao Submarino.

Na época da fusão, Miguel Gutierrez, CEO da Lojas Americanas, e Carlos Alberto Sicupira, seu presidente, decidiram que fazia sentido que o negócio de e-commerce fosse dirigido como uma entidade separada. Então, a B2W foi criada, com Anna Saicali, ex-diretora de tecnologia na Americanas.com, como CEO. A Lojas Americanas manteve a participação majoritária (53,25%) na B2W, e as ações restantes começaram a ser negociadas na bolsa brasileira em agosto de 2007.

A B2W nasceu como a maior empresa de e-commerce da América Latina, englobando diversas marcas e operações em plataformas digitais separadas. Enquanto Saicali começava a integrá-las, a crise financeira global irrompeu, suspendendo todos os investimentos. "Nós não sabíamos o que aconteceria na economia mundial ou como o Brasil seria afetado", lembra Saicali. "Então, ainda que vendêssemos muito e tivéssemos uma ótima oportunidade à frente, dissemos 'Chega de investimento de capital'. Precisávamos de foco em conservar dinheiro."

Essa postura permitiu que a B2W passasse ilesa pela crise. A empresa gerou lucros, distribuiu dividendos e até recomprou ações durante aquele período. Em 2010, a empresa estava retomando o trabalho em sua plataforma quando enfrentou outro grande bloqueio. Esse, porém, tornou-se um catalisador para a B2W mudar sua estratégia e construir uma plataforma digital mais forte e ampla em seu centro.

Ao longo de sua vida, a B2W se fiara em distribuidores e empresas de logística externas para entregar seus produtos. Outras vendedoras online também, e seu número explodira quando praticamente todos os grandes varejistas do Brasil decidiram que precisavam de presença no e-commerce. O problema foi que as distribuidoras e a infraestrutura logística não acompanharam a ascensão do tráfego no e-commerce. Quando os pedidos atingiram um pico no Natal de 2010, as terceirizadas simplesmente não conseguiram entregar. Os consumidores ficaram desolados, e a B2W, a maior empresa de e-commerce do país, recebeu a maior parte das reclamações.

Esse acontecimento fez Saicali e sua equipe darem um passo atrás. Os consumidores devem ser prioridade, afirmaram, e tudo o que fizessem deveria refletir essa prioridade clara. Então, junto à construção de seu negócio em torno de uma plataforma digital visando ao consumidor, a equipe concluiu que a B2W tinha que montar sua própria infraestrutura de logística e distribuição.

Estes três itens — tecnologia, logística/distribuição e experiência do consumidor — tornaram-se os pilares do plano estratégico de três anos que deu início a um novo ciclo de investimentos que chegou a US$1 bilhão.

Os líderes da B2W sabiam para onde estavam indo e quais passos tinham que dar para chegar lá, mas a situação financeira era preocupante. A B2W vendia produtos que mantinha em seus estoques, como sua mãe física Lojas Americanas sempre fizera. Conforme seu crescimento se acelerou depois da crise financeira, cada vez mais dinheiro ficava amarrado no estoque.

Ao discutir o uso do dinheiro em uma reunião do conselho, Saicali propôs uma solução: permitir a outros vendedores, que manteriam seu próprio estoque, que usassem a plataforma digital da B2W para vender seus produtos; a B2W receberia uma comissão sobre essas vendas. Eu estava presente nessa reunião. A ideia gerou uma discussão intensa que terminou com o conselho dando aval a Saicali. Em 2013, a empresa lançou o B2W Marketplace, uma plataforma bilateral conectando compradores a vendedores terceirizados. O caixa ainda estava negativo — e ficaria por muitos anos antes de uma recuperação acentuada projetada — enquanto a empresa construía seu futuro, mas os vendedores terceirizados ajudaram a amenizar a situação.

O progresso do novo plano estratégico não passou despercebido. A empresa de investimentos tecnológicos Tiger Global vinha acompanhando a B2W e foi conquistada pela visão e pela execução da B2W no primeiro ano. Em 2014, ela anunciou sua intenção de investir US$1 bilhão com prêmio de 85% sobre o preço acionário atual da B2W. Os acionistas da empresa apoiaram totalmente o investimento, e o financiamento permitiu que a empresa acelerasse seus próximos passos.

A B2W adquiriu três empresas em rápida sequência que lhe deram uma plataforma logística robusta, uma rede de unidades de armazenamento e centros de distribuição, e um serviço de transporte que já servia a clientes de e-commerce. Apagões de Natal nunca mais!

Construir o terceiro pilar estratégico, o de recursos tecnológicos, exigiu um esforço multifacetado. Ao longo da vida da B2W, Saicali fez questão de se manter atualizada com as novas tendências e recursos em tecnologia. Com uma visão clara do quão central uma plataforma digital é para garantir uma experiência do consumidor positiva, ela assumiu como missão pessoal tornar a B2W uma empresa tecnológica de alto nível. Novos recursos viriam de uma combinação de crescimento orgânico da equipe de tecnologia, aquisições de empresas de tecnologia e colaborações estruturadas com especialistas em tecnologia de ponta.

A B2W fez 11 aquisições em 2 anos, sendo que cada uma trouxe um tipo de expertise em tecnologia. Entre elas havia três empresas de desenvolvimento de sistemas — Uniconsult, Ideais e Tarkena — que resolveram os sistemas de back office e de front office e o gerenciamento de dados de consumidores e estoques, respectivamente. Esses três negócios duplicaram a equipe interna para um total de mais de 600 engenheiros e levaram à criação de um centro para inovação e empreendedorismo. A Admatic trouxe ferramentas especializadas para coisas como comparações de preços e otimização de lojas virtuais. A E-smart era uma desenvolvedora de tecnologia de plataforma para criar lojas online. Outras aquisições tinham expertise em inteligência artificial, segurança online, integração de lojas online e offline, e vendas no Instagram.

Para resolver desafios de tecnologia específicos, Saicali percorreu MIT, Stanford, Harvard e empresas de consultoria em busca de especialistas que poderiam aconselhá-la. Ela criou programas de colaboração com laboratórios naquelas e em outras instituições de ponta, inclusive algumas na América Latina.

Em 2017, a plataforma digital B2W abrangia e-commerce, gerenciamento de estoques e logística para seus próprios produtos e os de terceiros. A empresa, que havia sido uma consumidora de dinheiro em boa parte de sua vida, tornou-se uma geradora de dinheiro. Tendo atingido seu objetivo de tornar o caixa da empresa positivo em 2019, Saicali passou o cargo de CEO para seu sucessor e tornou-se presidente.

Porém, 2017 não foi uma parada. A plataforma digital, o acúmulo de dados, os recursos tecnológicos e a sólida posição financeira tornaram-se a base para mais inovação. Por exemplo, a B2W criou a Ame, uma carteira digital para celulares baseada em plataforma — um aplicativo único para serviços financeiros ou serviços gerais. Ela também fez um acordo contratual com a Lojas Americanas para que os consumidores comprassem online e retirassem as mercadorias na loja. Ao longo do caminho, a empresa continuou estreitando seu foco, otimizando o mix de produtos e descartando coisas como ingressos online.

Usar dados para a tomada de decisão tornou-se ainda mais potente com o apoio da inteligência artificial. A combinação de quantidades abundantes de dados e recursos avançados para processá-los permite que a B2W entenda o comportamento do consumidor, apoie os compradores de mercadorias e conheça melhor seu próprio pessoal. Como Saicali diz: "Nós usamos big data para tudo aqui, em todas as frentes, e para ajudar a tomar todas as decisões." E acrescentou: "Isso é possível apenas porque temos uma mentalidade muito digital." Os esforços da B2W por décadas e através de diversos desafios levou o valor de mercado da empresa de meros R$3,4 bilhões em sua criação em 2006 para R$32,9 bilhões no fim de 2019. Ela continuou muito à frente da Amazon, que entrou na América Latina em 2013, e do Walmart, que tem presença online e física no país.

A B2W começou seus esforços digitais no início da era digital, mas o compromisso com seus consumidores e a disposição em usar dinheiro para construir os recursos tecnológicos necessários são exemplos que toda empresa deveria seguir.

Líderes precisam inovar constantemente para incorporar novas tecnologias relevantes em sua plataforma digital, especialmente para conectar-se com parceiros de ecossistema. O próximo capítulo descreve como um ecossistema é uma vantagem competitiva e um ingrediente indispensável para um negócio gerador de caixa lucrativo.

CAPÍTULO 5

ECOSSISTEMAS GERADORES DE VALOR

Regra 3: uma empresa não compete; seu ecossistema, sim.

Você teme que sua empresa seja superada por uma concorrente digital? Pense bem. Não é a empresa sozinha que é mais ameaçadora. É o ecossistema que ela forma.

Na era digital, tem vantagem competitiva quem constrói um ecossistema, ou rede, que alavanca a tecnologia digital pelo benefício do consumidor e abre caminho para as muitas vias de receita.

O conceito de ecossistema obviamente não é novo. A Apple é famosa por ter saído na frente de outros celulares em seus primeiros dias em boa parte porque cultivou um ecossistema de desenvolvedores de software que criaram aplicativos para iPhone a fim de suprir todos os nichos e as necessidades dos consumidores. Na era do PC, a Intel tinha uma aliança com a Microsoft e cultivou um ecossistema de fabricantes de periféricos que usavam chips Intel. Garantir que suas tecnologias funcionassem juntas ajudou todos os players a crescer. Atualmente, a Microsoft usa um ecossistema de diversos milhares de parceiros que instalam seus produtos e serviços para consumidores empresariais, construindo sua base de consumidores enquanto permite que a Microsoft se concentre em criar o software.

O diferente entre as gigantes digitais é que seus ecossistemas não são simplesmente lineares — ou seja, alinhados à cadeia de fornecimento de uma empresa —, eles são exponenciais e multidimensionais. Esses ecossistemas de nova geração abrangem uma vasta gama de parceiros em múltiplos setores. O Alibaba, por exemplo, empresa conhecida principalmente como uma gigante do e-commerce, tem parceiros de ecossistema tão diferentes quanto Weibo (mídias sociais), Lyft (compartilhamento de caronas) e Cainiao (logística). Seu dispositivo ativado por voz, Tmall Genie, usa comandos de voz para comprar coisas no site Tmall, do Alibaba, semelhante à Alexa da Amazon. Quando o mercado do Tmall Genie desacelerou, o Alibaba criou o Tmall Genie Auto, um alto-falante inteligente com recursos semelhantes para carros, e assim expandiu seu ecossistema. Em 2019, o Alibaba tinha parcerias com BMW, Volvo, Audi, Renault e Honda para instalar o Tmall Genie Auto em alguns de seus carros.

A vantagem competitiva vem da ampliação de suas lentes para conceber como um ecossistema poderia entregar algo superior para o consumidor, e trazer parceiros para sua plataforma a fim de compartilhar dados, recursos de ponta, e talvez até recursos financeiros para ajudar todo o ecossistema a crescer. Alguns parceiros de ecossistema estão criando programas de fidelidade conjuntos; outros estão colaborando em inovação. Honeywell e Bigfinite,[1] por exemplo, estão unindo suas forças na automação e controle de processos (Honeywell) e na análise de dados, IA e aprendizado de máquina (Bigfinite) para ajudar a indústria farmacêutica a levar medicamentos mais rápido para o mercado.

Crescimento e Benefícios Compartilhados

Concorrentes digitais geralmente unem partes de indústrias diversas para criar uma experiência melhor e mais completa para o consumidor ou para diminuir custos e, portanto, o preço, ao eliminar intermediários. Os ecossistemas mais poderosos vão ainda mais longe. Um ecossistema bem montado cria um efeito de rede por meio do qual todos os participantes — consumidores, parceiros e a própria empresa — se beneficiam e, juntos, levam a um crescimento de receita exponencial.

Em abril de 2019, o CEO Jeff Bezos começou sua tão esperada carta anual aos acionistas da Amazon com uma coluna de números. Não eram lucros ou preços de ação, como seria o esperado. Os números mostravam o percentual crescente das vendas da Amazon que vinham de vendedores terceirizados independentes no Amazon Marketplace nos últimos 20 anos. Em 1999, o número era de apenas 3%. Em 2018, era de 58%, mais da metade do total. Esse conjunto de vendedores terceirizados é parte do ecossistema que ajudou a conduzir o crescimento explosivo da Amazon.

A Amazon ajuda seus vendedores terceirizados a obter sucesso oferecendo a eles uma série de ferramentas sofisticadas que a empresa desenvolveu para ajudá-los a gerenciar estoques e processar pagamentos. Os vendedores podem usar os serviços de atendimento da Amazon para entregar os produtos mais rápido e em uma área mais ampla do que conseguiriam, bem como solicitar empréstimos da Amazon Lending. Simplesmente anunciar um item na Amazon o torna acessível a muito mais pessoas. Cerca de 54% dos consumidores online começam suas buscas por um produto no site da Amazon — percentual maior do que aqueles que começam no Google.

Conforme os eco-parceiros da Amazon crescem, ela também cresce. O caixa aumenta e a empresa acumula cada vez mais dados. No mundo orientado por algoritmos da Amazon, dados levam a melhores recomendações para o consumidor, melhores insights de como melhorar a experiência do usuário e melhores decisões de gerenciamento. O consumidor ganha também por ter mais opções, menores preços e recomendações mais precisas.

A Amazon vem conseguindo converter a quantidade massiva de dados fluindo por sua plataforma em múltiplas vias de receita. Ela expandiu de livros para praticamente todo tipo de produto — brinquedos, pet shop, eletrônicos de consumo, bagagens, vestuário e joias — em seu site de e-commerce. Então há a receita de seu Marketplace, dos empréstimos a vendedores terceirizados e de propagandas que podem ser direcionadas precisamente. Esses sucessos geraram ofertas totalmente novas, da AWS à assistente virtual Alexa, cada um tendo hoje seu próprio ecossistema e vias de receita. Como relatado no *Financial Times* em fevereiro de 2020, o Goldman Sachs pode tornar-se parte do ecossistema da Amazon.* Laura Noonan, do *FT,* escreveu: "A Goldman Sachs começou[2] a desenvolver tecnologias para facilitar a oferta de empréstimos para pequenas e médias empresas por meio da plataforma de empréstimos da Amazon."

No mundo de hoje, é praticamente impossível conceitualizar uma oferta vencedora para um grande número de consumidores sem levar em consideração o ecossistema. Líderes de empresas antigas devem compreender a escala e o escopo dos ecossistemas que começaram a surgir e, apesar da complexidade de tantas

---

* Em junho de 2020, essa parceria entre Amazon e Goldman Sachs se concretizou. [N. da T.]

partes móveis, reimaginar seu próprio. O ecossistema precisa estar concentrado nas necessidades individuais do consumidor, ser financiado e capaz de gerar caixa no ritmo certo, e levar a múltiplas vias de receita que expandirão o ecossistema ou se tornarão a semente de um novo. Esse imperativo se aplica a empresas business-to-business, não apenas a empresas voltadas ao consumidor.

A Ameaça aos Ecossistemas Automobilísticos

Durante décadas, fabricantes de automóveis pensaram em seus ecossistemas como formados por entidades independentes em uma sequência linear — os fabricantes ou fornecedores de peças no fundo e as concessionárias na frente. A liderança sênior era apegada a suas fatias de mercado: Ford versus GM, Toyota e BMW. Mas, atualmente, uma confluência de forças externas apagou as fronteiras da indústria, fazendo as montadoras repensarem como concorrem e com quem.

O fundador da Tesla, Elon Musk, não inventou os carros elétricos, mas explorou os avanços em tecnologia de bateria e as preocupações ambientais enquanto se esforçava para tornar os veículos elétricos uma alternativa prática ao motor de combustão interna. A Tesla começou a vender carros elétricos em 2008 e aumentou as vendas com novos modelos apresentados nos anos seguintes. A Tesla chamou atenção não só pela personalidade exagerada de Musk, mas também porque os carros elétricos estilosos de alta qualidade da empresa estavam ganhando adeptos.

Musk ficou inabalado quando fabricantes de motores por combustão interna, como Mitsubishi e Peugeot e, depois, Nissan, GM e outras tiraram seus próprios projetos de carros elétricos do fundo da gaveta. Em uma postagem de 2014, ele anunciou que "no espírito do movimento de código aberto", a Tesla abriria suas patentes "para o avanço da tecnologia de veículos elétricos". A tecnologia da Tesla estava à disposição.

Enquanto isso, evoluções nas câmeras, sensores, capacidade de processamento, detecção remota e inteligência artificial estavam trazendo os carros autônomos para a realidade. A tecnologia de auxílio ao condutor criada pela Mobileye, fundada em Israel em 1999, evoluiu para uma tecnologia autônoma completa. Em 2017, a Intel comprou a empresa.

O Google começou uma iniciativa de carros autônomos em 2009, que depois batizou de Waymo e a desmembrou. E a startup do Vale do Silício, Cruise Automation, que explorava a tecnologia autônoma, chamou a atenção da GM, que a adquiriu em 2016.

Os algoritmos que cuidam da direção nos veículos autônomos (VAs) precisam ser treinados usando muitos dados de carros reais na rua. Waymo e Tesla já tinham anos de dados quando outras empresas começaram a testar seriamente seus VAs nas ruas de Pittsburgh, de São Francisco, em partes de Xangai, e nos arredores de Pequim. Em meados de 2019, a UPS já usava caminhões autônomos feitos pela TuSimple em rotas limitadas no Arizona.

Ainda outro conjunto de disruptoras colidiu com as montadoras e empresas de tecnologia na última década: startups de compartilhamento de caronas como Uber e Lyft, nos EUA, e Didi Chuxing, na China. A famosa frase do professor e guru do marketing, Ted Levitt, em 1969 — que "ninguém queria uma broca de 1/4, mas sim um buraco de 1/4" — tornou-se relevante novamente. As pessoas não queriam necessariamente ter um veículo; elas simplesmente queriam ir de um lugar a outro. Os compartilhadores de caronas supriram essa necessidade com plataformas algorítmicas que ligavam pessoas que precisavam ir a algum lugar, com motoristas dispostos a levá-las. A disponibilidade dessa alternativa conveniente e de baixo custo pôs em questão toda a premissa de possuir um carro.

Os pegadores de carona se interessaram pelos VAs e começaram a imaginar uma frota de carros que estivesse sempre disponível — operada por tecnologia sem seres humanos, que precisavam de paradas periódicas. As montadoras se interessaram em transformar seus produtos em um serviço de compartilhamento de caronas e usar a tecnologia de VA, e as empresas de tecnologia buscaram formas de alavancar suas inovações.

Essas tendências incontroláveis levaram os setores de fabricação de carros, o compartilhamento de caronas e a tecnologia a gradativamente se tornarem parte do mesmo cenário competitivo. O diagrama a seguir mostra a complexidade do ecossistema de mobilidade:

Um Ecossistema Complexo e Dinâmico

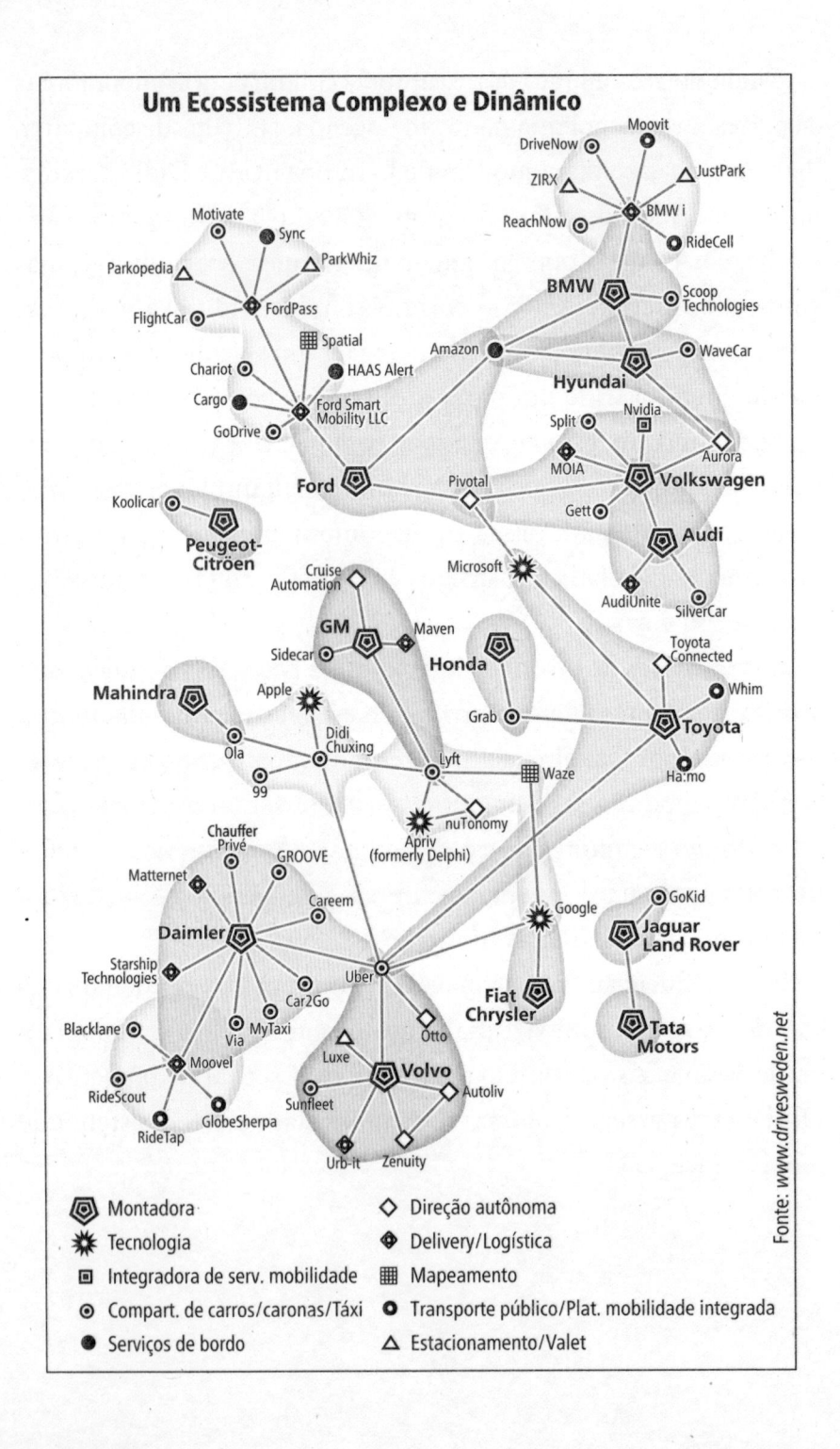

- ⬢ Montadora
- ☀ Tecnologia
- ▥ Integradora de serv. mobilidade
- ⊙ Compart. de carros/caronas/Táxi
- ● Serviços de bordo
- ◇ Direção autônoma
- ◈ Delivery/Logística
- ▦ Mapeamento
- ⊙ Transporte público/Plat. mobilidade integrada
- △ Estacionamento/Valet

Fonte: www.drivesweden.net

Os ecossistemas das montadoras, empresas de tecnologia e empresas de compartilhamento de caronas e delivery de comida foram permanentemente misturados. Mesmo as empresas financeiras como o Vision Fund do SoftBank fazem parte da margem competitiva do ecossistema, fornecendo o dinheiro necessário para desenvolver novas tecnologias. O SoftBank possui a Arm, fabricante britânica de semicondutores, e uma participação na Nvidia, outra fabricante de chips.

Cada uma das grandes montadoras teve que reconfigurar radicalmente seu ecossistema para incluir uma variedade maior de players e novos tipos de relacionamentos. Como regra de ouro, creio que todo grande player precisará de ao menos dez parcerias de ecossistema para ter sucesso. As escolhas que fazem hoje determinarão a viabilidade de seu "ecossistema de mobilidade" nos anos seguintes. As montadoras sabem que a demanda por seus produtos centrais está em declínio e que firmar as alianças certas para o futuro exige muito dinheiro. Elas são forçadas a gerar dinheiro vendendo ativos. A GM vendeu suas marcas europeias Opel e Vauxhall em 2017 e anunciou sua saída da Austrália, da Nova Zelândia e da Tailândia em fevereiro de 2020. A Ford transferiu suas operações na Índia para uma joint venture com Mahindra and Mahindra, que possuirá 51%. Todas as montadoras estão diminuindo suas linhas de produtos e cortando empregos. Elas precisam tomar decisões importantes rapidamente, diante das incertezas acerca de relacionamentos e dos riscos e recompensas futuros.

Ecossistemas de Mobilidade Emergentes

Parcerias na indústria automobilística não são novidades. Montadoras trabalharam juntas no desenvolvimento de motores, por exemplo. Mas juntar capital intelectual e recursos entre concorrentes de longa data é uma grande mudança de mentalidade. Uma manchete no Bloomberg.com, em 20 de dezembro de 2018, toca nesse ponto: "BMW e Mercedes Deixam de Ser Inimigas para se Tornarem Parceiras na Nova Era do Automóvel."

As montadoras de luxo alemãs eram rivais há décadas. Mas em 2015 reconheceram que a era digital favorecia o compartilhamento e a velocidade. Em vez de desenvolver seus próprios sistemas de mapeamento, e em um esforço para definir o padrão para outras fabricantes de carros, Daimler, BMW e Audi compraram em conjunto uma participação majoritária no negócio de mapeamento da Nokia, Here. No fim de 2018, com a tecnologia em automóveis tornando-se ainda mais sofisticada e difundida, elas estavam dispostas a levar essa colaboração ainda mais longe, para incluir o desenvolvimento de plataformas veiculares, baterias de carros elétricos e tecnologia de direção autônoma.

A busca das fabricantes alemãs pela direção autônoma coloca seu ecossistema nascente em competição com um mix surpreendente de players, que estão se separando em ecossistemas próprios.

Em meados de 2017, a Lyft começou a construir um ecossistema em torno de uma plataforma de software de código aberto que lançou. Ela formou parcerias com diversos fornecedores de tecnologia no espaço autônomo, inclusive a Waymo.

A equivalente chinesa da Lyft, Didi Chuxing, que comandava 97% do mercado de compartilhamento de caronas na China após comprar as operações chinesas da Uber em 2016, estava testando um software de direção autônoma feito pela montadora chinesa Qoros.

Ainda outro ecossistema estava se formando na China, orquestrado pela Baidu, maior empresa de internet do país. Às vezes chamada de Google da China por causa de seu nascimento como empresa de buscas na internet, a gigante da tecnologia tem pressionado para ser líder em inteligência artificial. Por que não aplicar IA em carros autônomos?

Em 2017, a Baidu precisava se atualizar, mas ela tinha um plano. Lançou uma plataforma de dados, aplicativos e programação de software, chamada Apollo, que os parceiros podiam usar gratuitamente a fim de desenvolver produtos para o mercado de veículos autônomos. Era uma abordagem de código aberto, semelhante a que o Google usou para escalar o Android.

Criar uma plataforma no centro de seu ecossistema permitiu que a empresa superasse o grande obstáculo de chegar atrasada: a falta de dados. Dentro de 14 meses, a Baidu tinha atraído 100 parceiros para seu ecossistema, incluindo Microsoft, Intel, Daimler, a montadora chinesa BAIC e fornecedores de peças. Ela reuniu dados em todo o ecossistema e os colocou na plataforma Apollo.

A Didi continua concorrendo intensamente com a Baidu com um ecossistema diferente que hoje inclui 31 montadoras e fornecedores de peças. Seus dados vêm em grande parte de seus veículos de compartilhamento de caronas ao redor do mundo. E formou joint ventures com Volkswagen e BAIC para gerenciar sua frota e desenvolver veículos especialmente para compartilhamento de caronas.

Mas as montadoras dos EUA não estão paradas. Quando a GM trouxe a Cruise para seu ecossistema ao comprá-la totalmente, ela a definiu como uma unidade independente de modo a não anulá-la. Então, em outubro de 2018, ela trouxe financiadoras para seu ecossistema, associando-se à Honda e ao SoftBank, onde ambas receberam participação na Cruise em troca de investimentos de US$2,75 bilhões e US$2,25 bilhões, respectivamente.

A complexidade e a velocidade das peças móveis de um ecossistema podem ser espantosas; modelar e remodelar o ecossistema deve ser uma das atividades de liderança centrais da empresa.

Fique de olho nos ecossistemas de seus concorrentes, bem como em seu próprio. Quais players eles incluem? Como estão mudando e se adaptando? Como estão funcionando para servir melhor aos consumidores? E quais eco-parceiros foram deixados de fora?

Ecossistemas Que Expandem Recursos e Crescimento de Receita

Um ecossistema adequadamente remodelado pode levar a novas oportunidades e novos modelos de negócios. Foi o caso da UST, uma empresa de serviços de tecnologia da Califórnia que tem mais de 1 bilhão de dólares em receitas anuais e está crescendo 24% ao ano. Em sua busca por suprir as necessidades dinâmicas de seus consumidores em meio a grandes mudanças na tecnologia, a empresa desenvolveu três tipos de parceiros em seu ecossistema.

Durante um bom tempo desde sua fundação em 1999, a UST oferecia serviços de TI terceirizados. Começando com 14 membros na Índia, ela cresceu rapidamente enquanto desenvolvia uma reputação entre os clientes pelo serviço confiável e pela capacidade de execução inigualável. Em 2015, ela estava gerando cerca de US$700 milhões em negócios ao ano, oferecendo soluções de tecnologia abrangentes para alguns grandes clientes empresariais importantes, incluindo grandes varejistas, atuantes na assistência médica, e instituições financeiras ao redor do mundo.

Ainda que o negócio fosse robusto, novos tipos de tecnologia estavam surgindo. As empresas estavam desesperadas em busca de ajuda para projetar plataformas digitais que poderiam ser usadas a fim de melhorar a qualidade e a velocidade da tomada de decisão e de criar melhores experiências para consumidores e colaboradores.

A UST não acreditava no desenvolvimento de plataformas digitais sozinhas. A equipe executiva pensou que seria muito lento, e uma grande empresa como a UST poderia não ser capaz de se equiparar à velocidade de uma startup. Então, a equipe criou uma forma de resolver o problema ao construir um ecossistema para preencher a lacuna. O ecossistema também seria uma forma de gerar mais experiências inovadoras, infraestrutura ágil e econômica, e soluções baseadas em resultados para os clientes.

Por volta de 2015, a equipe começou a pesquisar startups nas quais poderia investir e que poderiam trazer novas expertises algorítmicas e digitais e aplicações inovadoras para suplementar as habilidades da UST. Eles identificaram 15 pequenas empresas que podiam ajudar a construir plataformas digitais que aumentariam as ferramentas e as plataformas que a própria UST estava construindo. Em alguns casos, a UST comprou participações nas startups; em outros, adquiriu a empresa toda. Algumas permaneceram independentes — continuaram a se representar enquanto a UST também as apresentava aos clientes.

Além desses investimentos e aquisições, a UST aproveitou a cultura inovadora e a mentalidade de empreendedorismo dentro da empresa para incubar inúmeras plataformas digitais que se tornaram altamente bem-sucedidas no mercado. Ela também se associou a grandes instituições acadêmicas como MIT, Stanford, e a Universidade da Pensilvânia, para levar pesquisas de ponta aos clientes e torná-las relevantes aos problemas dos clientes.

Esse ecossistema de construtoras de plataformas permitiu que a UST suprisse as necessidades dinâmicas de seus clientes enquanto trazia novos negócios para as startups. As pequenas empresas de software também se beneficiaram do aprendizado umas com as outras, e a maioria viu seu valor de mercado crescer.

Conforme os líderes da UST montavam uma massa crucial de habilidades tecnológicas procuradas enquanto mantinham sua reputação de excelência, viram uma oportunidade de levar sua capacidade de projetar plataformas para consumidores das listas Fortune 500 e Global 1.000. Algumas dessas empresas já estavam em sua base de clientes, mas alcançar outras seria demorado e caro.

Elas decidiram que precisavam de outro conjunto de parceiros de ecossistema que já tivessem acesso a muitas daquelas empresas. Parte do plano da UST era criar plataformas nas quais 80% do design pudesse ser usado em múltiplas empresas em uma indústria ou setor. Associar-se a empresas de software que tinham produtos ou serviços complementares e que também tinham acesso aos maiores clientes corporativos fortaleceria as receitas e a participação de mercado para todos. Grandes clientes corporativos obteriam uma oferta mais completa, e os parceiros de ecossistema da UST seriam capazes de alavancar a reputação da UST para estabelecer novos relacionamentos com titãs corporativos. Todos cresceriam. Em 2019, alguns desses relacionamentos de ecossistema começaram a amadurecer.

Então, ideias a respeito de outra faceta do ecossistema começaram a surgir. As empresas "big tech" dominantes têm grandes clientes empresariais, e essas empresas digitais estão constantemente considerando o desenvolvimento de novas plataformas digitais empresariais para abordar tais clientes. A UST, com sua profunda compreensão dos domínios e problemas empresariais de seus clientes, é uma aliada natural para essas empresas digitais. Atualmente, elas oferecem em conjunto sistemas digitais que resolvem as necessidades dos clientes por uma fração do custo e do tempo em comparação ao que os clientes talvez gastassem construindo ferramentas e sistemas sozinhos.

Pensar em termos de ecossistemas permitiu que a UST expandisse suas capacidades com eficiência e crescesse mais rápido do que conseguiria de outro modo. O ecossistema é renovado continuamente e está em constante expansão para as últimas tecnologias e inovações de ponta. E um efeito multiplicador se aplica sempre que cada um dos mais de 300 parceiros de ecossistema aumenta sua própria capacidade e base de clientes, dando à UST mais a oferecer a seus consumidores.

Empresas antigas que tentarem competir sozinhas serão forçadas a competir contra ecossistemas como o da UST em diversas frentes, como preços menores e em declínio. Ao tentarem ir sozinhas, elas têm menor probabilidade de encontrar oportunidades que criam fontes adicionais de receita, e seu valor de mercado tenderá a cair.

Como os Financiadores Moldam os Ecossistemas e a Vantagem Competitiva

A maioria dos ecossistemas dispersos que estão surgindo foram motivados por líderes empresariais, como Jeff Bezos da Amazon, Jack Ma do Alibaba ou Robin Li da Baidu. Mas poucos financiadores de capital têm tido papel crucial na modelagem do panorama competitivo ao conectar as partes.

Em 2017, Masayoshi Son, diretor do SoftBank Group, uma enorme empresa holding de Tóquio que ele fundou, viu a oportunidade de dar a startups promissoras nos últimos estágios de desenvolvimento grandes somas de dinheiro para que obtivessem o chamado status de unicórnios (1 bilhão de dólares em valor de mercado) mais cedo. Ele havia feito isso antes, em especial quando transformou seu investimento inicial de US$20 milhões no Alibaba em mais de US$5 bilhões no momento em que a empresa abriu seu capital em 2014. Ele criou o SoftBank Vision Fund e arrecadou gritantes US$100 bilhões com pessoas como soberanos da Arábia Saudita e fundos de hedge.

O grande tamanho do Vision Fund fez as pessoas questionarem se e como todo aquele dinheiro poderia ser empregado com eficiência. Isso acabou não sendo um problema. Em 2019, o fundo tinha investido todos os US$100 bilhões em diversas empresas, entre elas Uber, Arm Holdings, WeWork, Flipkart e GM Cruise, e Masa Son havia começado a falar sobre promover outra rodada de capital de investimento. (Ele teve uma perda enorme em seu investimento na WeWork em 2019, o que causou uma vergonha significativa e levantou dúvidas sobre a viabilidade de um novo fundo.)

Mas ele não é apenas um investidor passivo em larga escala. É um arquiteto de ecossistemas de larga escala. Sua participação em uma empresa inclui a intenção de influenciá-la, fazer conexões entre ela e outras empresas semelhantes, e às vezes juntá-la a outra empresa. Em busca de sua visão, ele altera a vantagem competitiva de outras empresas.

As jogadas do SoftBank na área de mobilidade demonstram uma visão ampla e ambiciosa de como as peças podem se encaixar de modo a criar maior valor mais rápido.

Seguir adiante exige conexões perfeitas entre múltiplos sistemas e plataformas de tecnologia, tirando vantagem dos últimos desenvolvimentos tecnológicos, suprindo diversas preferências dos consumidores e processando quantidades enormes de dados para melhorar os resultados de coisas como a direção autônoma. Mas a Son parece estar juntando as peças de um extenso ecossistema de mobilidade que pode cumprir essas exigências. Conforme relatado pela Reuters em abril de 2019,[3] o SoftBank fez "uma aposta de US$60 bilhões em mais de 40 empresas em tentativa de alterar a indústria automobilística mundial de US$3 trilhões".

Em 2014 o SoftBank, junto ao Alibaba, apostou na empresa de compartilhamento de caronas chinesa que é hoje a Didi Chuxing. Ele também tem participações na Uber, Ola (versão da América Latina) e Grab (versão de Cingapura). Parcerias com outros players, incluindo as montadoras Toyota, Honda e GM, e um investimento de US$2,5 bilhões na GM Cruise, junto ao compromisso de US$2,75 bilhões da Honda, revelam uma meta ainda maior.

Esses investimentos não têm intenção de atuar como empresas independentes, mas sim de ajudar umas às outras. Uma joint venture entre SoftBank e Toyota chamada Monet Technologies

(Monet é abreviação de Mobility Network) permitirá que a plataforma digital da Toyota para veículos conectados seja sincronizada com a plataforma de Internet das Coisas (IoT — Internet of Things) do SoftBank. Dessa forma, a Toyota pode acessar fontes de dados mais extensivas e usá-las para eventualmente melhorar coisas como enviar serviços de entrega.

Espera-se que a padronização, a coordenação e o compartilhamento entre os vários players acelerem o desenvolvimento de tecnologias-chave bem como de sua aplicação. A diversidade dos players permitirá maior variedade de soluções personalizadas para necessidades comerciais e individuais, e flexibilidade na resposta a regulamentações, sejam nacionais ou estaduais (pense na Califórnia). Quer Masayoshi Son tenha sucesso ou não (sua execução tem falhado), ele está influenciando e, em alguns casos, determinando o padrão de competição nessas indústrias, incluindo a forma dos ecossistemas.

O Novo Ecossistema de Assistência Médica da Apple

A Apple é conhecida por desenvolver um ecossistema de produtores musicais em torno do iPod e um ecossistema de desenvolvedores de aplicativos em torno do iPhone. Então, pode-se esperar que ela crie mais um ecossistema em torno de seu Apple Watch. O que não está claro é quão expansivo esse ecossistema pode ser e o quão focada a Apple parece estar em criá-lo.

A Apple está hoje moldando-o como seu maior e mais completo ecossistema, alavancando aquilo que fez bem antes: concentrar-se intensamente no consumidor, proteger a privacidade do consumidor, descobrir como ganhar dinheiro e desenvolver incentivos, e conectar hardware e software.[4] A ideia central que estrutura o ecossistema da Apple é absorver dados de todas as fontes, incluindo consumidor ou paciente, para seu motor de aprendizado de máquina, a fim de processá-los e de devolver para os fornecedores dados relevantes com o objetivo melhorar a qualidade e o custo da assistência médica.

A assistência médica como um todo é um mercado enorme, representando cerca de 20% do PIB dos EUA ou cerca de US$13 trilhões, e crescendo cerca de 6% ao ano. Isso inclui um mix amplo de atuantes: de médicos e hospitais a seguradoras, instituições de pesquisas médicas e fabricantes de dispositivos médicos. Algumas atuantes são grandes, outras pequenas. Algumas são mais avançadas digitalmente do que outras. Seus modelos de negócio variam grandemente, bem como os regulamentos que devem cumprir.

O que gera maior frustração e maior perigo aos pacientes são as desconexões de informações entre as diversas entidades. Os dados são dispersos e os sistemas, incompatíveis. Essas desconexões geram muito desperdício e custo excessivo, deixando muito espaço para que fraudes passem despercebidas. Pior, a má comunicação pode levar a tratamentos excessivos, erros ou demoras em diagnósticos que afetam diretamente a saúde do paciente.

A resposta da Apple é construir um ecossistema focado em uma experiência em assistência médica do consumidor, de ponta a ponta, que de uma vez por todas superará as desconexões e criará uma única fonte de verdade. Ambicioso sim, mas, como o CEO Tim Cook disse a Jim Cramer, do programa *Mad Money da* CNBC, "Se você ampliar a visão para o futuro, olhar para trás e perguntar 'Qual foi a maior contribuição da Apple para a humanidade?' Terá a ver com saúde."

Faz sentido que a Apple explore essa área, dado seu foco incansável no consumidor, sua maestria em integrar hardware e software e sua experiência em construir ecossistemas. Há muito tempo, ela também tem uma inclinação a proteger a privacidade do consumidor, o que a ajudará a ganhar confiança em torno da proteção das informações do paciente. E tem também um exército de desenvolvedores de aplicativos e uma base de 900 milhões de usuários ao redor do mundo (você nunca está longe de um carregador de iPhone em aeroportos e limusines).

A conceitualização de um ecossistema de assistência médica da Apple é diretamente focada no consumidor individual. Tudo gira em torno do indivíduo, e os dados sobre sua saúde permanecem sob seu controle. A Apple oferece os meios para que os registros de saúde sejam consolidados em um local e formato, e as proteções necessárias conforme os dados fluem entre pacientes e profissionais da saúde. Ela também os reúne e os codifica para uso em pesquisas médicas.

Só considerando o armazenamento de registros, a padronização dos dados eliminará muito desperdício e, junto aos algoritmos, poderá detectar cobranças fraudulentas. Isso garante que os dados de diversos consultórios médicos e centros de saúde possam ser usados por outros, então os registros não se perdem quando os pacientes trocam de médico ou de hospital, e os médicos têm uma visão mais completa do histórico médico de um paciente.

O acesso a mais dados permite que pesquisadores os analisem em um zilhão de formas em fases experimentais, bem como para selecionar candidatos para testes de medicamentos. A pesquisa e o desenvolvimento de remédios e dispositivos médicos podem ser feitos mais rápido e melhor (a Amgen já diminuiu seu ciclo de desenvolvimento em cinco anos, então melhorias drásticas são possíveis).

Os dados também trazem as regulamentações para o século XXI, oferecendo evidências mais robustas da eficiência de um remédio ou procedimento.

A assistência médica também está no radar das gigantes digitais Amazon e Alphabet, bem como de fabricantes de eletrônicos como Samsung e Garmin. Resta ver se o ecossistema da Apple de assistência médica focado no consumidor definirá o padrão ou se tornará parte de uma aliança com outros players. Seria errado, porém, achar que a Apple é excessivamente otimista ou futurista. Sua construção de um ecossistema de assistência médica expansivo já está acontecendo.

Entre 2013 e 2014, a empresa contratou inúmeras pessoas com expertise em dispositivos médicos, tecnologia de sensor e preparo físico. Divya Nag, uma jovem de 23 anos que havia abandonado Stanford para cofundar a Stem Cell Theranostics, foi recrutada para o Grupo de Projetos Especiais da Apple.[5] Nag descreveu esse trabalho como "basicamente transpor fronteiras e sonhar com o futuro da assistência médica e o papel que a Apple pode ter".

Em junho de 2014, a Apple apresentou um recurso para iPhone chamado Health, que coleta informações básicas de saúde e preparo físico, como a quantidade de passos dados em um dia. Então veio o HealthKit, uma plataforma de software que capta dados de múltiplas fontes, torna-os compatíveis e permite a desenvolvedores independentes criar aplicativos para explorá-los.

A Apple prosseguiu com o ResearchKit, outro conjunto de ferramentas para desenvolvedores de aplicativos, direcionado a facilitar a pesquisa médica. Em 2016, a 23andMe, empresa de testes genéticos, integrou seus dados com o ResearchKit, permitindo que pesquisadores também usem informações genéticas.

Boa parte dos dados acerca da saúde de um indivíduo vêm de cuidadores e de laboratórios, mas também podem ser obtidos em tempo real por meio dos chamados dispositivos wearable [vestíveis]. É aqui que o Apple Watch tem papel fundamental no ecossistema. Ele gera dados diretamente do corpo de uma pessoa. Os indivíduos podem usar essas informações para monitorar seu preparo físico ou podem permitir que sejam enviadas diretamente para algoritmos que as processam instantaneamente. Em dezembro de 2018, a FDA liberou dois recursos adicionais do Watch que usam algoritmos, um para detectar ritmos cardíacos irregulares e outro que combina um sensor elétrico no Watch Série 4 com um aplicativo e um algoritmo de eletrocardiograma. Ambos destinados a fornecer sinais de alerta precoces de possível fibrilação arterial ou outros problemas cardíacos.

Mais surpreendente do que os aplicativos e a conectividade entre dispositivos físicos e software é o ritmo acelerado das parcerias que a Apple está formando com seguradoras, pesquisadores e laboratórios. Ela lançou estudos com mais de meia dúzia de instituições de pesquisa de ponta, entre elas Stanford Medicine e Langone Medical Center, da Universidade de NY, para tratar problemas como apneia do sono, concussões, depressão e autismo. Os professores de neurologia Gregory Knauss e Nathan Crone, pesquisadores da Johns Hopkins, usaram o Apple Watch para registrar dados em um estudo sobre crises de epilepsia.

A Apple associou-se às seguradoras de saúde Aetna e UnitedHealth, que usam o Watch em programas para incentivar pessoas a atingir objetivos de preparo físico. Diversos relatórios sugerem que a Apple está trabalhando em arranjos semelhantes com planos do Medicare.

Cerca de 25 grandes sistemas hospitalares representando 14% do total de leitos nos EUA, bem como centenas de outros operadores de assistência médica e laboratórios, estão atrelados ao sistema de registros médicos eletrônicos da Apple. Em 2018, a Apple abriu uma clínica para colaboradores chamada AC Wellness Clinic, que serve como um campo de testes para usos ainda mais benéficos de seus dados centrados nos consumidores.

Como acontece em qualquer ecossistema robusto, o da Apple cria um círculo virtuoso. Os pesquisadores têm acesso a dados mais granulares, os prestadores obtêm um fluxo pontual de informações a respeito de sintomas e aderência ao tratamento, e os consumidores obtêm maior controle das informações de múltiplas fontes. A burocracia é totalmente reduzida, diminuindo custos e riscos. Todos aprendem, estimulando inovações e melhorias na assistência médica. A Apple facilita a coleta e o uso de dados e pode usá-los para melhorar seu próprio software e dispositivos. Enquanto as startups inventam soluções para algumas partes do ciclo de vida do indivíduo, a Apple pode trazê-las para seu ecossistema.

Qualquer concorrente da Apple, bem como redes de hospitais, laboratórios e empresas farmacêuticas, deveriam estar visando ao panorama geral do ecossistema de assistência médica que está se desenvolvendo e decidir se querem ser parte dele ou de outro, ou ter a audácia de começar seu próprio. Algumas começaram. Hospitais como Brigham e Women's Hospital em Boston e Mayo Clinic começaram a compartilhar dados de pacientes identificáveis com IBM, Microsoft e Amazon.

Gerenciando Ecossistemas

Gerenciar um ecossistema exige um conjunto específico de habilidades de liderança. Poucas empresas têm pessoas com essa experiência exata em seus currículos, e não é uma ocupação que os headhunters conseguem procurar facilmente. Executivos sênior precisam identificar pessoas que mostram aptidão em planejar métricas, resolver problemas quanto ao compartilhamento de propriedade intelectual, e negociar contratos e cláusulas de saída. No fim do dia, o fato se resume a desenvolver relacionamentos com pessoas de outras culturas e com diferentes incentivos. Em meu ponto de vista, a pessoa no comando deve se reportar diretamente ao CEO e terá que montar uma equipe de pessoas, basicamente um departamento todo, para gerenciar o ecossistema.

Ecossistemas nunca são permanentes. Como o mundo está mudando em uma velocidade muito grande, as mudanças tecnológicas continuam a acelerar e as expectativas dos consumidores mudam incessantemente, encontrar novas parcerias e abandonar antigas precisa se tornar rotina. Os relacionamentos existentes também precisam ser cultivados, porque é comum que eco-parceiros bem-sucedidos sejam abordados por outras empresas e ecossistemas. Manter o ecossistema equilibrado em termos de dados e enriquecimento é um desafio permanente conforme as fontes de lucro mudam.

Mas o desafio predominante é entender o ecossistema totalmente, como ele entregará uma ótima experiência para o consumidor, como os parceiros melhorarão as habilidades uns dos outros e como o sucesso será mensurado e compartilhado.

Nem todos têm a capacidade cognitiva de conceitualizar plataformas empresariais em grande escala. Nem todos terão a imaginação de pensar tão grande ou a confiança de trazer outras empresas para sua órbita.

Uma coisa que pode ajudar é o conhecimento de algoritmos. Não é preciso ser um mago da tecnologia — Jack Ma, fundador do Alibaba, não era. E é possível começar com uma versão mais simples de um ecossistema, como a Amazon fez quando vendia apenas livros online.

Se você se esforçar para aprender algoritmos, começará a apreciar como eles podem superar obstáculos anteriores, como a personalização de produtos em escala muito larga. O conhecimento básico sobre o funcionamento da tecnologia digital pode alterar a imaginação de líderes, expandir seu escopo e, ao mesmo tempo, desenvolver sua coragem e determinação, todos essenciais para ser o arquiteto de um ecossistema poderoso na era digital.

Agora, você já está familiarizado com vários fundamentos da criação de vantagem competitiva na era digital. Como sempre, as empresas também devem criar valor para os acionistas. Ou, então, as pessoas em todos os níveis organizacionais sofrerão as consequências de uma espiral descendente. O próximo capítulo explica como as empresas digitais criam novos modelos para gerar dinheiro de modo a potencializar seu crescimento e permitir que sirvam melhor a consumidores e acionistas ao mesmo tempo.

CAPÍTULO 6

ENRIQUECIMENTO PARA AS DIGITAIS

Regra 4: enriquecimento se destina à enorme geração de caixa, e não lucros por ação, e à nova lei de rendimentos *crescentes*. Investidores entendem a diferença.

Empresas nascidas digitais podem consumir toneladas de dinheiro em seus primeiros anos na busca mais acelerada por consumidores, crescimento de receita, conteúdo e alcance. Seus lucros por ação — a métrica favorita do mercado de ações — podem ser zero ou profundamente negativos por anos. Ainda assim, essas empresas parecem ter o capital necessário, porque alguns investidores sabem o que os líderes de empresas digitais sabem: que o enriquecimento é diferente na era digital. É claro que os componentes do enriquecimento — coisas como receita, caixa, margem bruta, estrutura de custo e financiamento — continuam iguais. Mas a ênfase, os padrões, o momento e os relacionamentos entre elas são diferentes. Usar essas diferenças para gerar valor tanto para consumidor quanto para acionistas *ao mesmo tempo* é um novo tipo de sabedoria empresarial e uma fonte de vantagem competitiva.

Quando a Amazon começou a vender livros online, suas necessidades de dinheiro eram relativamente pequenas porque os consumidores pagavam pelos livros imediatamente, enquanto a Amazon não precisava pagar à editora por muitos meses. Sua necessidade de dinheiro explodiu quando ela atingiu o ponto em que precisava criar escala para agarrar a infinidade de oportunidades de varejo adicionais que estavam a seu fácil alcance.

Para muitas empresas digitais, especialmente aquelas que estão construindo plataformas bilaterais, a necessidade de grandes quantias de dinheiro vem logo no início. Empresas bilaterais como Airbnb e Uber, por exemplo, precisam de um grande número de usuários tanto do lado da demanda quanto da oferta — aqueles em busca de carona e aqueles que oferecem a carona — a fim de criar valor para os consumidores.

As gigantes digitais atuais existem porque os fundadores têm se disposto a oferecer grandes somas de dinheiro por períodos mais longos, e, às vezes, a associar-se a outros fundadores para oferecer ainda mais. Quando o SoftBank do Japão lançou seu Vision Fund de US$100 bilhões em 2016 para ajudar startups a crescer em grande escala, céticos duvidaram que o CEO do SoftBank, Masayoshi Son, seria capaz de arrecadar tanto dinheiro, que dirá encontrar oportunidades suficientes para investi-lo. Mas ele conseguiu, recebendo bilhões de dólares do fundo de riqueza soberano da Arábia Saudita, o Mubadala Investment Co. de Abu Dhabi, e outros para somar ao próprio investimento do SoftBank de US$28 bilhões.

O Vision Fund investiu em 88 empresas digitais. O plano era financiar o crescimento rápido de startups, e então abrir o capital delas para obter um retorno sobre o valor que seu crescimento rápido geraria. O investimento anterior do Vision Fund do SoftBank no Alibaba, como mencionei em um capítulo anterior, cresceu em bilhões de dólares, e o Vision Fund obteve um retorno de 60% quando vendeu sua participação no Flipkart para o Walmart. Mas, em 2019, o mercado amargou ofertas públicas iniciais [IPO — Initial Public Offering] de empresas que engoliam dinheiro. Após a IPO da Uber, por exemplo, a ação entrou em queda livre e parou em cerca de dois terços de seu valor de IPO, criando uma grande lacuna no valor de ação do Vision Fund. O preço de ação do Slack caiu muito depois de sua IPO alguns meses depois. O WeWork teve que adiar sua IPO e precisou de uma infusão de US$9,5 bilhões do SoftBank para continuar respirando.

Ainda que os valores de mercado tenham despencado e nem todo investimento tenha um grande retorno, empresas digitais promissoras continuam a atrair recursos. Tiger Fund, Tencent, Sequoia e outros continuam em busca de empresas que precisam de dinheiro e são capazes de escalar.

Toda empresa deveria entender como a tecnologia digital muda os princípios do enriquecimento. Elas deveriam saber que o financiamento flui facilmente para algumas empresas exatamente porque seus modelos de enriquecimento exploram essas diferenças. Empresas digitais podem prosperar, por exemplo, ao oferecer um preço menor *e* uma experiência personalizada. Empresas de investimento estão dispostas a apoiar essas empresas enquanto correm para agarrar a próxima oportunidade que ampliará sua vantagem.

O apoio financeiro agressivo permite que algumas startups e até gigantes digitais avancem em um ritmo que suas concorrentes sem financiamento não acompanham. É difícil superar a combinação de um modelo de enriquecimento digital robusto e uma fonte de financiamento ousada. As empresas que não têm esses apoios estão em desvantagem competitiva e são altamente vulneráveis a outras que podem mudar permanentemente a ordem competitiva.

Margem Bruta do Caixa

Durante o início da Amazon, os externos se perguntavam por quanto tempo os investidores esperariam que a empresa obtivesse lucros e, depois, por que suas ações eram tão supervalorizadas. Rodadas de vendas a descoberto renovavam frequentemente sua convicção de que os acionistas estavam prestes a abandonar a ação em massa. Lembro-me de uma conversa que tive em 2013 com o CEO de uma grande corporação, que observou os resultados negativos da Amazon no ano anterior e me garantiu que "as consequências chegariam". Mas Jeff Bezos continuou a liderar o negócio como fizera desde o início, com foco restrito em melhorar continuamente a experiência do consumidor, centralizado em uma plataforma digital, usando um ecossistema em constante expansão e construindo sua base de consumidores.

A visão de negócios de Bezos era concentrar-se não em lucros por ação, a métrica favorita de Wall Street, mas em crescimento de receita e margem bruta do caixa. A Amazon tem de fato acumulado quantias enormes de dinheiro.

Na era digital, é possível dar ao consumidor algo melhor e por um preço mais baixo porque uma plataforma digital torna o custo de entregar uma unidade adicional incrementalmente baixo. O custo de um novo assinante da Netflix assistir a uma série que a empresa já produziu, ou de a Amazon permitir a terceiros que vendam seus produtos em um site de e-commerce que já montou, é quase zero.

Conforme o custo de cada unidade adicional encolhe, o benefício é passado aos consumidores, aumentando as chances de mantê-los e de atrair novos. As receitas crescem, da mesma forma que algo menos óbvio: a margem bruta.

A margem bruta — receitas menos os custos diretos dos produtos — costuma ser expressa em porcentagem. Por exemplo, em 2002, o primeiro ano em que a Amazon relatou lucro, sua margem bruta era de 25%. Em 2018, sua margem bruta era de 40%.

Agora, pense em quanto dinheiro esses números podem representar. Em 2002, a receita da Amazon era de US$3,93 bilhões; 25% dessa quantia eram US$983 milhões. Em 2018, a receita inflou para US$232 bilhões; 40% dessa quantia são gritantes US$93 bilhões. Esse é o dinheiro que ela pode alocar para crescimento ou dividendos.

É aqui que o poder da *lei de retornos crescentes*, que expliquei brevemente no Capítulo 4, está em seu máximo. Conforme as empresas digitais aumentam suas receitas e melhoram a margem bruta percentual, aumentam exponencialmente sua margem bruta em dinheiro. Tornam-se, basicamente, uma máquina de fazer dinheiro. A curva em S tem uma rápida ascensão, assim:

Crescimento Exponencial de Receita Digital

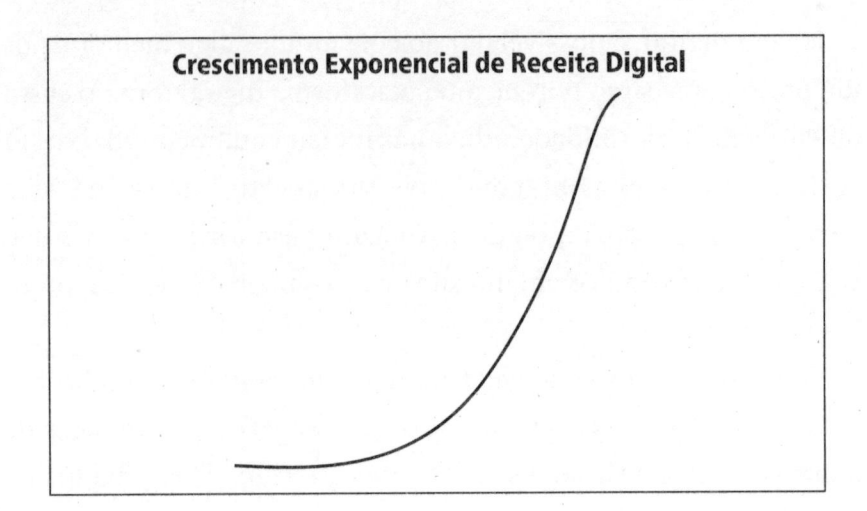

As margens brutas de empresas nascidas digitais são geralmente maiores do que as de suas equivalentes convencionais. Enquanto a margem bruta da Amazon em 2018 era de 40%, a margem bruta do Walmart era de cerca de 25%. Apesar dos resultados negativos na Netflix, sua margem bruta tem sido saudável.

Margens brutas mais altas são em parte uma função de ser uma empresa digital, mas líderes sagazes gerenciam as margens brutas para ampliar a vantagem.

A margem bruta é como uma ressonância magnética do modelo de enriquecimento da empresa. Ela mostra se preço, custos diretos, uso repetitivo, descontos, mix de serviços, consumidores e parceiros de ecossistema estão em combinação saudável. Jeff Bezos disse muitas vezes que sempre fica de olho na margem bruta do caixa. Steve Jobs também. A margem bruta da Apple é de cerca de 39% — a maior de todas as fabricantes de computadores e celulares do mundo. Líderes nascidas digitais sabem que, uma vez que alcançam uma margem bruta saudável, se conseguirem escalar a recompensa será enorme.

Líderes perguntam: "Um grande volume de consumidores pagaria esse preço para gerar a margem bruta desejada?" Se não, como podemos obter mais receita, inserir novos serviços, mudar o mix que oferecemos ou investir mais dinheiro para aumentar a receita de uma forma que eleve a margem bruta? A margem bruta da Uber é de 50%. Se conseguir chegar a 60%, pode usar a margem bruta adicional do caixa para atrair e reter motoristas, e a empresa ficará bem. Se sua margem bruta cair, pode fraquejar. Mas chegar a 60% exige inovação e reduções de custos em um mercado altamente competitivo.

Analisar a margem bruta do caixa não é de fato um jogo de números. É uma questão de usar dados e ferramentas analíticas para entender os elementos que a estão gerando e, talvez, tomar algumas decisões para mudá-los. Quais filmes deveríamos produzir para quais assinantes e a que custo? Reed Hastings tem dados e algoritmos para ajudar sua equipe a responder isso, mas tomadores de decisão também usam sua intuição acerca de quais elementos mudar. Qual negócio deveríamos explorar a seguir? Jeff Bezos pode fazer crowdsourcing e analisar as respostas, como fez quando começou com os livros, mas a decisão é, em parte, intuitiva.

Uso do Dinheiro

Gigantes digitais também refletem sua sagacidade empresarial por meio de seu foco intenso em como usam o dinheiro — onde investi-lo, quanto e quando. As somas de dinheiro que estão dispostas a gastar podem ser um grande percentual de sua receita e margem bruta do caixa. Mesmo quando geram muito dinheiro, geralmente buscam fontes externas de financiamento adicional.

Enquanto Wall Street continua usando lucros por ação como medida dominante do valor de uma empresa, as gigantes digitais se recusam a permitir que os altos e baixos do LPA as impeçam de financiar o crescimento. O crescimento expansivo está tão profundamente enraizado na maioria dos líderes digitais quanto as melhorias incrementais em LPA estão nas empresas tradicionais.

No mundo digital, um investimento escasso ou adiado é uma desvantagem competitiva. Muitas empresas antigas se encontram em um ponto difícil. Enquanto tentam financiar uma nova curva em S, ficam presas na armadilha da liquidez; elas precisam de dinheiro de seu negócio central e, portanto, não podem negligenciá-lo. Muitas estão enfrentando quedas em volume, receita e margem bruta do caixa por causa da pressão de preços em sua empresa ou na indústria como um todo. Elas precisam cortar preços para manter-se competitivas e podem tentar compensar as margens decrescentes adquirindo uma concorrente. Apesar das boas intenções da administração de construir o futuro, o negócio central tende a receber o dinheiro.

É aí que o pensamento ousado acerca de alocação de dinheiro se torna altamente controverso e essencial ao futuro da empresa. Como podem sustentar seu negócio central *e* fazer um negócio digital decolar? Os medos e frustrações das pessoas vêm à tona quando esses tópicos são discutidos no setor executivo. Participei de muitas conversas desse tipo. O líder do negócio central de uma empresa falou com muita emoção e preocupação ao dizer: "Minha unidade gera todo esse dinheiro, e você quer colocá-lo em uma empreitada tão incerta que consumirá cada vez mais dinheiro. Eu preciso desse dinheiro para evitar que minha receita caia. Vamos perder dos dois lados."

Algumas empresas gerenciam a armadilha da liquidez ao criar uma empresa separada e conseguir financiadores externos. Outras decidem sair do negócio central de uma vez e usar o dinheiro extraído para financiar uma empreitada totalmente nova.

Delphi, a terceira maior fornecedora do mundo para fabricantes de automóveis, dividiu a si mesma em duas empresas em 2017 para concentrar o foco em desenvolvimento tecnológico e permitir diferenças no uso do dinheiro e na capacidade de atrair capital. A Delphi Technologies concentrou-se no desenvolvimento do trem de força, e a Aptiv concentrou-se em tecnologias para veículos autônomos. Glen De Vos, vice-presidente sênior e CTO da Delphi, disse na época: "Estão surgindo repentinamente dois tipos diferentes de investidores. Vemos as pessoas que realmente se concentrarão em investimentos de trem de força distanciar-se dos investidores que estão realmente concentrados em mais tecnologia. Estamos em um ótimo ponto agora, em que temos dois negócios muito saudáveis com ótimas perspectivas, mas em algum momento eles começarão a entrar em conflito um com o outro em termos de consumo de recursos, investimento de capital e esse tipo de coisa."[1]

Quando uma empresa nascida digital chega ao ponto em que a geração de caixa se torna positiva, ela pode usar esse dinheiro para financiar a próxima rodada de inovações para o consumidor ou desenvolver uma curva em S totalmente nova onde possa haver outro espaço de mercado muito grande. Esse padrão de alocar dinheiro em novas iniciativas e obter ainda mais dinheiro é inconfundível no Google, no Alibaba, na Amazon, na Adobe e na B2W. Como a administração concentra-se no consumidor e tem disciplina em como inova e executa, a empresa se torna uma máquina de geração de dinheiro que se autoperpetua.

A Amazon gasta dinheiro toda vez que se expande para outras áreas da experiência de vida do consumidor ou a novas regiões. Seu padrão é financiar múltiplos experimentos, sendo que um ou mais podem ser em larga escala. Aqueles que continuam a ser promissores obtêm financiamento adicional. Apesar de haver fracassos, os quais Bezos é rápido em reconhecer, os sucessos geram a enorme quantia de dinheiro que permite ainda mais experimentos, com possíveis grandes recompensas adicionais. A geração de dinheiro da Amazon continua a crescer, de cerca de US$60 bilhões de geração de margem bruta de caixa em 2017 para uma projeção de US$160 bilhões em 2021, suficiente para financiar sua própria divisão de fabricação de chips, computação quântica ou alguma outra iniciativa grande.

Por mais agressiva que sua busca por crescimento possa ser, as gigantes digitais são rápidas em se retirar de áreas não lucrativas e realocar dinheiro para algo que seja mais promissor. A mudança rápida é algo natural para elas. Seu foco intenso no consumidor e na testagem precoce de novas ideias evita que desperdicem recursos em algo pelo que os consumidores não pagarão. Ou, para colocar de forma mais positiva, elas gastam seu dinheiro naquilo que importa aos consumidores. Elas usam dados para experimentar, testar e analisar antes de fazer suas apostas.

O Capex de uma Empresa Digital É Opex

Os custos de uma empresa digital são diferentes já no início. O dinheiro é gasto na aquisição de consumidores por meio de marketing e promoções, na contratação de engenheiros de software para criar e manter sua plataforma digital, para coletar dados e desenvolver o ecossistema. Existe um contraste brutal entre empresas nascidas digitais e empresas tradicionais em duas áreas: despesas operacionais e custos G&A (gerais e administrativos).

A maioria das empresas tem alguns tipos de despesas de capital, junto a um processo robusto e há muito estabelecido para avaliá-las. Métricas como TIR (taxa interna de retorno) e ROI (retorno sobre investimento) são comumente usadas para aprovar ou rejeitar investimentos que têm um horizonte de longo prazo em termos de dinheiro comprometido e de recompensa.

Para uma empresa digital, capex parece opex. Boa parte do fundamento do negócio não é um bem tangível, como um prédio ou equipamento de fabricação, que exige despesas de capital (capex). O custo de construir o futuro assume a forma de compensação paga a desenvolvedores de software e outros especialistas de tecnologia, licenças para softwares e serviços externos, e esforços de marketing para construir escala. Gastos desse tipo ficam registrados na declaração de resultados como despesas operacionais (opex) no aqui e agora. Listadas em uma declaração financeira segundo princípios contábeis geralmente aceitos, esses custos operacionais reduzem os resultados correntes. Os lucros por ação (LPA) sofrem o baque. Mas, como o opex é dedutível nos impostos, ele aumenta o dinheiro em caixa.

O LPA negativo assusta alguns executivos, mas líderes de empresas digitais não permitem que isso diminua seu apetite por crescimento. Depois de anos de lucros constantemente crescentes, a Amazon não se intimidou em 2019 ao sinalizar que seu surto de crescimento não acabou. Uma manchete no *New York Times* frisou exatamente isso: "O Lucro da Amazon Cai Conforme a Empresa Compra Crescimento."[2] Ela estava apressando seu movimento no sentido de usar seu próprio serviço de entregas. Centros de triagem, instalações de distribuição e hubs próximos a aeroportos custam dinheiro, chegando a mais da metade de sua margem bruta do caixa, uma soma que Bezos estava disposto a gastar em busca de entregas ainda mais rápidas para os consumidores. Se você fosse reduzir a taxa de crescimento da Amazon ao nível de uma varejista típica, seu opex cairia e a empresa mostraria grandes lucros por ação.

A disposição dessas empresas digitais de gastar muito não devia ser interpretada como uma disposição em desperdiçar recursos. Otimizar os custos pode ter pouca prioridade nos meses e anos de construção de uma plataforma digital e atingimento de escala, mas nenhuma empresa digital obtém sucesso por muito tempo sem usar a tecnologia de formas que mantenham as despesas baixas. A Amazon é altamente disciplinada na contenção de custos e na manutenção da burocracia em grau mínimo. Junto à eficiência de gerar receitas enormes a partir de sua plataforma digital e da AWS, o uso da Amazon com automação algorítmica e robótica ajuda a explicar por que seus custos G&A são menos de 2% da receita.

O baixo percentual de custos G&A da Amazon é uma referência útil para alguns, mas os números e padrões específicos variam conforme o modelo de enriquecimento de uma empresa. Resta ver como a empreitada em lojas físicas afetará os custos gerais e administrativos da Amazon e como o fortalecimento de sua participação online derrubará a do Walmart.

A Uber enfrenta forte concorrência e depende muito das pessoas, então gasta boa parte de sua receita em duas categorias: vendas e marketing (28%) e P&D (18%). Conforme a empresa se tornou mais competitiva e cresceu mais rápido nos últimos anos, essas porcentagens diminuíram. As receitas dobraram entre 2016 e 2017 e cresceram 42% entre 2017 e 2018. Os custos G&A encolheram de 26% das receitas em 2016 para 13% em 2018.

Empresas que estão em transição para se tornarem digitais precisam alterar totalmente sua estrutura de custos. A maioria dos custos precisa ser sujeitada a análises algorítmicas para detectar padrões e encontrar anomalias. O uso aumentado de dados deveria orientar a melhoria da produtividade todo santo dia, o que pode impulsionar as margens brutas de caixa e diminuir os preços para o consumidor. No setor bancário, uma proporção de despesas (despesas totais divididas pela receita) de 52% é considerada aceitável. Mas o CEO de um banco que conheço, que está à beira da digitalização, disse à sua equipe que a proporção de despesas tinha que diminuir 35%. Sua referência era o emergente campo das fintechs. Sua ideia era que fazer as coisas do jeito antigo não os levaria ao resultado. Eles não podiam se esconder atrás de normas governamentais e tinham que pensar radicalmente sobre como eliminar desperdícios e melhorar a tomada de decisão com a ajuda de análises de dados. Em meu trabalho ao redor do mundo, tenho percebido empresas definindo metas de redução de custos em 30% ou 50%.

As despesas também são menores em gigantes digitais porque tendem a ter menos camadas organizacionais e menos burocracia. Após digitalizar seu negócio, a Fidelity Wealth Management foi capaz de reorganizar seus associados em apenas três camadas organizacionais, melhorando a tomada de decisão e a velocidade sem perder o controle (veja o Capítulo 7).

Trajetórias de Receitas e Crescimento

Empresas digitais são melhor equipadas do que suas equivalentes tradicionais para criar um fluxo de *receitas recorrentes* a partir de relacionamentos contínuos com seus consumidores existentes. A conexão digital torna mais fácil manter os consumidores engajados e gera mais dados úteis. Os algoritmos podem, então, ajudar a detectar as causas de determinados comportamentos, inclusive o abandono de consumidores, e a testar formas de melhorar a experiência do consumidor.

Esses esforços podem reduzir a taxa de churn (a proporção entre os consumidores evadidos e os novos), o que em contrapartida reduzirá custos. A Netflix passou três anos desenvolvendo um algoritmo que reduziu o churn analisando a relevância do conteúdo e os dados populacionais dos consumidores que desertaram e não retornaram.

Vender uma assinatura, como a Netflix, a Adobe e a Amazon fazem, gera um fluxo de receitas recorrentes mais previsível. Uma assinatura é como uma anuidade para a empresa que a oferece, reduzindo a ciclicidade. É uma conveniência e uma economia para o consumidor. Para os consumidores da Adobe, uma assinatura permite que usem o software sem um grande investimento antecipado.

Ainda assim, receitas de assinaturas são confiáveis apenas na mesma medida que a experiência do consumidor. A Netflix pode fazer um bom uso de dados e algoritmos, mas se não puder converter seus dados em algo que os consumidores realmente queiram, no preço certo, eles podem muito bem optar por outro serviço de streaming.

Empresas que oferecem novas experiências para consumidores existentes criam *novas fontes de receita,* e o custo de adquirir esses consumidores é zero. Novas receitas podem vir de simplesmente reagrupar ofertas.

O que, por fim, determina a viabilidade de uma empresa ao longo do tempo é a capacidade de transformar despesas financeiras (que suprimem o LPA) em crescimento de receita eficiente no futuro. No mundo de hoje, isso significa começar *trajetórias de geração de dinheiro totalmente novas,* não apenas estender as existentes. A vida útil dos hábitos e expectativas dos consumidores é extremamente curta, e o horizonte de tempo da vantagem competitiva encolheu proporcionalmente.

As gigantes digitais não veem o crescimento de receita como uma trajetória única, mas como uma série de curvas em S, cada uma resultado de boas ideias que experimentam e testam. Se você tem um produto que é certo para o mercado e ele decola, pode financiar muitas outras trajetórias. Os produtos iPad, iTunes e iPhone da Apple não surgiram ao mesmo tempo. Um ajudou a financiar o próximo. Sucesso em grande escala possibilita que recursos massivos sejam canalizados para algo novo. O sucesso do e-commerce da Amazon lhe permitiu muitos outros experimentos, alguns dos quais foram fracassos reconhecidos, mas outros tornaram-se grandes geradores de dinheiro.

A Amazon criou uma curva em S totalmente nova com a AWS, seu enorme e altamente lucrativo negócio de serviços em nuvem. A tecnologia básica existia para uso próprio da Amazon, mas descobrir como os consumidores gostariam de usá-la e fazê-la funcionar em diversas situações diferentes demorou muitos anos. Foram necessários mais de sete anos para desenvolver a Alexa, tanto quanto o Kindle antes dela.

Modelos de Enriquecimento

Um modelo de enriquecimento explica como os diversos componentes da geração de dinheiro funcionam juntos. Eu uso o temo *modelo de enriquecimento* em vez de *modelo de negócio* porque existem muitas interpretações do que é um modelo de negócio, algumas exageradamente complicadas. O enriquecimento mantém as coisas simples e concretas. Como crescimento de receita, margem bruta e caixa de fato se conectam?

A Uber decidiu entrar em muitas cidades novas rapidamente para estabelecer sua marca com o público viajante mundial. A empresa buscou formar alianças e coletar dados antes de outros players, mesmo que isso significasse enfrentar grandes perdas.

Os custos diretos de oferecer o serviço de compartilhamento de caronas são o custo do motorista, o custo de adquirir consumidores e talvez alguns trabalhos diretos. A Uber também gasta muito em custos gerais e administrativos, que provavelmente incluem trabalho regulatório e de RP, e em P&D para desenvolver carros autônomos.

Em 2019, a Uber tinha receitas de US$14 bilhões. A margem bruta estava em torno de 50%, mais ou menos a mesma de outros anos. Os custos de vendas e marketing eram 32% das receitas, os custos gerais e administrativos eram 22% e P&D era 34%. Supondo que sua alocação de dinheiro continue igual, a empresa precisará de rios de dinheiro para adquirir novos consumidores, novos motoristas, novos escritórios para as novas localidades, e para incentivos financeiros a fim de recrutar e reter os talentos tecnológicos de que precisa para conduzir a inovação. Em uma taxa de crescimento de receita de 38% ao ano, como a Uber projetou, em 5 anos as receitas poderiam chegar a US$70 bilhões.

Pense em quais podem ser as fontes desse crescimento de receita: mais viagens por consumidor, novos consumidores e um maior uso por meio de melhor logística e coisas como o Uber Eats. A Uber tem cerca de 111 milhões de usuários ativos na plataforma ao mês, com um total de 7 bilhões de viagens ao ano. Cada consumidor faz em média 5,7 viagens por mês. O que será preciso para aumentar o número de viagens e como isso aumentará a margem bruta, a lucratividade e o caixa?

O modelo de enriquecimento da Uber pode funcionar. Ao mesmo tempo, os passageiros podem escolher Lyft, Didi Chuxing ou outra empresa de compartilhamento de caronas em alguns lugares, então manter os consumidores também pode se tornar mais caro. E os custos com motoristas podem aumentar. Se a Uber não for capaz de manter sua margem bruta de caixa enquanto aumenta as receitas, seu modelo de enriquecimento pode se mostrar insustentável. Atingida pela quarentena do coronavírus, em abril de 2020 a empresa retirou as diretrizes financeiras para o ano e disse que faria uma desvalorização de US$2 bilhões.

Modelos de enriquecimento são sempre suscetíveis à mudança. O foco principal precisa estar sempre no consumidor, mas fatores externos também importam. Manter vantagem exige vigilância e disposição para mudar. Como vimos, mesmo empresas listadas na Fortune 500 podem desaparecer se não conseguirem se adaptar.

Líderes antigos podem estar determinados a mudar sua empresa, e os conselhos podem apoiar a ideia. Mas a psicologia antiga tende a se infiltrar. Existem garantias de que essa iniciativa funcionará? Como a empresa pode colocar tanto dinheiro em risco? Como explicaremos a queda no LPA ao mercado financeiro?

A digitalização deveria reduzir custos ao longo do tempo e diminuir a necessidade de capital. Mas provavelmente exigirá um foco maníaco no consumidor junto a um modelo de enriquecimento totalmente novo, com base em dados e uma plataforma digital, para gerar maior crescimento de receita, margem bruta e caixa. Uma curva em S descendente do negócio central deveria ser sinal de urgência. Um declínio no canal de esportes ESPN pareceu incitar o CEO da Disney, Bob Iger, a agir.

Financiamento e Financiadores

No fim de outubro de 2019, as guerras do streaming de vídeo estavam a todo vapor. O controle da Disney sobre o Hulu havia se solidificado e seu serviço de streaming Disney+ estava prestes a ser lançado. A Apple lançou seu serviço de streaming AppleTV+, e a WarnerMedia anunciou que seu serviço de streaming HBO Max começaria em maio de 2020. A NBCUniversal insinuou que um serviço de streaming chamado Peacock estava a caminho. Enquanto isso, o CEO da Netflix, Reed Hastings, estava reforçando seu compromisso de investir em conteúdo, mesmo quando seus contratos de licenciamento com redes de televisão e estúdios ficaram mais caros.

Analistas continuaram a especular sobre aonde os consumidores iriam, o quanto a perda de material licenciado afetaria a Netflix e quem produziria o melhor conteúdo e teria mais dinheiro para financiá-lo dali em diante.

Em 2019, a Netflix era a líder absoluta em termos de assinantes, variedade de conteúdo e intensidade de engajamento dos consumidores. Mas a empresa estava consumindo toneladas de dinheiro para adquirir consumidores mundialmente, e estava aumentando seu gasto com conteúdos novos — de US$13 bilhões em 2018 para estimados US$17 bilhões em 2019. Ela estava em uma farra de gastos para garantir espaços de estúdio em locais como Albuquerque, Surrey, Toronto e Nova York.

Em julho de 2019, a empresa disse que esperava que o fluxo de caixa livre fosse negativo em cerca de US$3,5 bilhões em 2019. E informou também que o fluxo de caixa continuaria a ser negativo por muitos anos, embora um pouco menos após 2020, conforme a base de membros, as receitas e as margens operacionais crescessem. O momento de entradas e saídas de dinheiro também mudaria, observou a Netflix, porque criar conteúdo original exige o pagamento antecipado de custos de produção antes de os títulos serem lançados e as receitas se materializarem. Em abril de 2019, a Netflix arrecadou €1,2 bilhões e US$900 milhões em títulos de alta rentabilidade, enquanto reconhecia que poderia pegar mais emprestado.

O futuro dos serviços de streaming de vídeo dependerá em parte do financiamento. A Disney gera dinheiro de outras fontes, como parques temáticos e lançamentos de filmes. A fim de amenizar a dor financeira do lançamento do Disney+ e inflar os números de assinatura, ela fechou um negócio para que a operadora de telefonia Verizon oferecesse a seus consumidores um ano de Disney+ grátis. A Verizon pagaria à Disney uma tarifa não divulgada por cada assinatura — possivelmente 17 milhões.

A Apple tinha US$245 bilhões em dinheiro à mão em 2019, e a Amazon, US$25 bilhões. Os financiadores da Netflix precisarão ser convencidos de que, caso a empresa execute o conteúdo certo e tenha as formas certas de adquirir consumidores e de aumentar o uso, ela se tornará ainda maior, e uma grande geradora de dinheiro, semelhante a Amazon, Google, Facebook e Alibaba. Como o CEO, Reed Hastings, disse na Conferência DealBook do *New York Times* em novembro de 2019, "O tempo será a verdadeira concorrência... Os consumidores passarão suas noites vendo nosso conteúdo?".[3] A oferta ao consumidor tem que ser certa e o modelo de enriquecimentos tem que ser persuasivo o suficiente para interessar aos financiadores.

A questão trata dos *financiadores,* não apenas do *financiamento*. Há um benefício em garantir dinheiro de investidores e organizações que praticam o pensamento de 10x ou 100x.

Em 2017, a Westfield Corp., dirigida por seu fundador, Frank Lowy, e seus filhos, operava shopping centers de alto nível em todo os EUA. Sua resposta às mudanças que interferiam no cenário do varejo foi permitir que outra empresa imobiliária, a Unibail-Rodamco SE, de Paris, assumisse seus shoppings. O acordo permitia que os Lowy mantivessem o controle de uma unidade do negócio que usariam como semente para uma empresa separada e adaptada à era digital. A Unibail teria participação de 10% na subsidiária. O negócio libertou os Lowy para se concentrarem em um conceito que acreditavam estar maduro para o mundo digital: uma plataforma digital que buscava ajudar os clientes varejistas a analisar seus próprios dados de consumidores e, ao combiná-los com dados de múltiplas fontes, criar uma imagem mais completa do consumidor. A empresa digital, chamada OneMarket, foi listada no mercado de ações em 2018. A plataforma foi lançada em 2019 e obteve diversos clientes varejistas famosos. Mas a OneMarket estava consumindo muito dinheiro e, quando a grande cliente Nordstrom não renovou seu contrato, o mercado de ações esfriou. A OneMarket tentou encontrar um comprador, mas fracassou. Quer a oferta aos consumidores estivesse certa ou não, os financiadores da OneMarket claramente não foram convencidos.

O desejo de um financiador por investimento e retorno de largas escalas, sua disposição em estender o prazo, especialmente na fase de alto consumo de dinheiro e, em alguns casos, a participação ativa na modelagem do ecossistema ou do mercado são vantagens competitivas consideráveis. Em capitais privados, por exemplo, há pouca preocupação hoje com LPA. O foco está na participação de mercado, no crescimento e nas avaliações baseadas principalmente em fatores diferentes de resultados.

A gigante chinesa da internet Tencent acumulou participações em 277 startups desde 2013. Só em 2017, ela comprou participações em mais de 80 empresas de capital aberto por um valor total de US$33 bilhões. Ela escolhe empresas com tecnologias ou pesquisas de ponta, bem como grandes players em mercados de alto crescimento "onde podemos compartilhar nossa experiência e contribuir com o desenvolvimento do ecossistema da internet".[4]

Uma empresa que consiga explicar de forma convincente como suprirá uma grande necessidade dos consumidores, como sua plataforma digital funcionará, como o ecossistema será moldado e como o enriquecimento funcionará tem boas chances de encontrar um apoiador abonado. Um histórico de conquistas, mesmo que não inclua um LPA positivo, pode manter o dinheiro fluindo, reduzindo o risco de liquidez durante a expansão da empresa.

Fluxos negativos e crescentes de caixa começaram a preocupar alguns financiadores e investidores, mas ainda não há sinal de que esses investidores estejam em seus limites. Empresas digitais conquistaram uma liberdade inédita com seus modelos de enriquecimento, e provavelmente manterão essa vantagem competitiva no que tange ao financiamento e aos meios de financiamento.

Já vimos diversos elementos da vantagem competitiva: criar um espaço de mercado ao inovar para o consumidor, colocar uma plataforma digital no centro, construir um ecossistema e entender o enriquecimento. Empresas não são máquinas. A energia humana dá vida a essas atividades. Na era digital, as pessoas podem trabalhar de forma diferente para tomar decisões melhores e mais rápidas e sincronizar seu trabalho. O próximo capítulo mostra como, e ilustra a vantagem competitiva que advém de fazer isso.

CAPÍTULO 7

EQUIPES EM VEZ DE CAMADAS ORGANIZACIONAIS

Regra 5: pessoas, cultura e concepção de trabalho formam um "motor social" que orienta a inovação e a execução personalizadas para cada consumidor.

Uma das maiores e menos reconhecidas vantagens competitivas que as gigantes digitais atuais têm sobre os players tradicionais é um poderoso *motor social* que impulsiona seu crescimento exponencial. Esse motor social — que abrange pessoas, cultura e formas de trabalhar da empresa — tem energia e velocidade tremendas. Ele elimina a burocracia e conquista o que muitas empresas acham tão intangível: a capacidade de adaptar-se e inovar continuamente em prol do consumidor. Seus motores sociais funcionam à base de disciplina enquanto libertam a imaginação das pessoas. E também criam valor para consumidores, parceiros de ecossistema, acionistas e colaboradores, tudo ao mesmo tempo.

A maioria das empresas digitais opera com apenas três ou quatro camadas organizacionais. Por maior que a Amazon seja, tem apenas três camadas organizacionais abaixo do nível dos grandes executivos em algumas grandes partes do negócio. O grosso do trabalho é feito por equipes, cada uma contendo a expertise essencial necessária para levar o projeto, ou a tarefa, do conceito inicial à entrega ou à operação. Jeff Wilke, CEO de Consumidores Mundiais da Amazon, se refere ao mecanismo de sua empresa para organizar o trabalho como "equipes unificadas separáveis". Os membros se concentram apenas na única coisa que a equipe deve entregar, e seu trabalho diário é resguardado de quaisquer outras responsabilidades empresariais.

Separar o trabalho em missões menores e dar a equipes independentes a autonomia para descobrir o "como" leva a tomadas de decisão melhores e mais rápidas. Unidas às metodologias ágeis emprestadas do mundo do desenvolvimento de softwares e ao rápido feedback proporcionado por uma plataforma digital, as equipes podem testar rapidamente um protótipo, ou produto mínimo viável (MVP), e usar os dados para revisá-lo e relançá-lo muito rapidamente. O tempo do ciclo de inovação encurta e o risco é reduzido.

As melhores empresas digitais reconhecem que a estrutura tem um limite — e que o sucesso depende, afinal, da qualidade de seu pessoal. Elas selecionam novas contratações e líderes de equipe com tanta atenção a valores e comportamento quanto a seus talentos e habilidades. Quando a Fidelity Personal Investing mudou para uma estrutura baseada em equipes como parte de sua transformação digital, a presidente, Kathy Murphy, e sua equipe se empenharam em avaliar centenas de indivíduos muito detalhadamente para encontrar líderes que ajudariam a fortalecer equipes diversas para resolver problemas e criar valor (falarei mais a respeito disso posteriormente no capítulo). Líderes de equipe que aderem aos princípios do *diálogo simultâneo,* onde todos ouvem a mesma coisa ao mesmo tempo, e liderança servil, ou seja, ajudar outros a atingir um propósito maior, expandem o aprendizado coletivo de uma equipe e acendem a imaginação das pessoas. Eles aumentam as chances de progressos e de grandes vitórias.

A tecnologia tem um papel-chave em dar às pessoas maior liberdade para fazer seu trabalho. Os algoritmos automatizam muitas decisões e geram uma infinidade de métricas que podem ajudar a guiar a tomada de decisão. Atualmente, a Fidelity PI tem mais de 1 mil métricas. A Amazon tem 62 páginas para elas, e a busca por métricas melhores continua.

Plataformas digitais tornam a informação em tempo real transparente para as pessoas em outras partes da organização, então as equipes podem se autocorrigir, demandando menos supervisão humana. As pessoas sentem-se livres para gastar mais tempo fazendo o que realmente querem fazer, que é contribuir com algo significativo e crescer profissionalmente. O iPhone original é produto desse exato tipo de abordagem na Apple, onde uma pequena equipe se reuniu por dois anos trabalhando no sigiloso projeto "Purple".

Esses componentes da cultura de uma gigante digital — como selecionam pessoas, como estruturam e gerenciam o trabalho, e como usam métricas e tecnologia — amplificam a inovação e a execução de formas que são difíceis de as empresas tradicionais igualarem.

Sei de muitos executivos sênior em empresas tradicionais que estão tentando reduzir o número de camadas organizacionais, que podem chegar a mais de sete ou oito. Conheço uma empresa de US$100 bilhões que chega a ter 15 camadas. O CEO pode mandar o COO ou CFO eliminar uma ou duas camadas e aumentar o controle dos líderes remanescentes. Mas cortar camadas em si não muda fundamentalmente como as decisões são tomadas.

Toda empresa tem equipes multifuncionais e outras formas de coordenar o que fazem, mas as empresas tradicionais raramente são organizadas para ter equipes focadas em uma única missão, sendo responsáveis pelo trabalho do início ao fim, incluindo implementação e operação, e cujos membros não trabalham em nada mais. As pessoas fazem esse trabalho em equipe enquanto são responsáveis por atingir indicadores-chave de desempenho por seu trabalho em tempo integral. Na maioria dos casos, as equipes multifuncionais e as comissões permanentes são apenas sobrepostas à hierarquia organizacional existente. Eles não a substituem. As próprias comissões podem ser muito grandes (com até 30 ou 40 membros) e complexas. Elas são lentas em fazer as trocas necessárias.

Estruturas de reporte em matriz, nas quais as pessoas se reportam a dois departamentos ou funções diferentes, têm sido muito usadas para ajudar a alinhar interesses entre silos funcionais. Algumas empresas têm uma matriz dentro de uma matriz. Mas a complexidade pode gerar ambiguidade e distorcer o foco e a responsabilidade das pessoas.

Nenhuma dessas abordagens gera a velocidade e a flexibilidade que uma empresa digital pode atingir. E nenhuma é especificamente destinada à inovação contínua para o consumidor. Por isso, empresas dirigidas tradicionalmente permanecem em desvantagem competitiva perante uma empresa digital em termos de acompanhar um mundo dinâmico.

Elas também fracassam em atrair talentos. Colaboradores mais jovens preferem fazer parte de uma equipe autônoma capaz de ver totalmente uma iniciativa ou projeto do início ao fim. Eles querem um senso de propriedade de seu trabalho e se frustram ao ter que passar por inúmeras camadas de aprovação e infinitos atrasos a fim de fazer algo. Aqueles com habilidades tecnológicas que estão em alta demanda perguntam sobre o ambiente de trabalho, e também sobre a posição da empresa em questões como sustentabilidade e o movimento Me Too, e rejeitam generosas ofertas de emprego caso não se sintam bem no ambiente de trabalho.

É claro que nem toda empresa digital é um modelo de agilidade organizacional e, como a Fidelity PI mostrou, nem toda empresa tradicional está condenada pelos conceitos que lhe serviram bem no passado. O que importa é incorporar os fatores que dificultam tanto competir contra o motor social do século XXI: pouquíssimas camadas organizacionais, alta qualidade, tomada de decisão em alta velocidade (no vernáculo de Jeff Bezos), inovação contínua, execução excepcional e foco concentrado em alinhar os esforços da empresa para servir melhor ao consumidor.[1]

Reinventando o Local de Trabalho na Fidelity Personal Investing

Em um domingo no fim de 2014, tive uma conversa com Kathy Murphy, presidente da unidade de Personal Investing [PI] da Fidelity, no escritório no porão de sua casa. Quando Murphy entrou na Fidelity PI em 2009, a empresa era líder no setor e tinha uma rica herança de oferecer excelente valor aos consumidores. A PI continuou fazendo grandes progressos para melhorar a experiência do consumidor ao aprofundar os relacionamentos com clientes e implantar tecnologias. Mas nós nos lembramos bem daquela conversa de domingo à tarde porque gerou nela um senso de urgência em fazer as mudanças radicais que pouquíssimas empresas antigas tentam, quanto mais conseguem fazer. Ela reuniu a coragem para transformar a estrutura organizacional e a cultura, e hoje a Fidelity PI opera como se fosse uma empresa nascida digital.

"Estávamos falando sobre os players digitais ao redor do mundo", lembra Murphy, "e algumas coisas ficaram muito claras. Primeiro, eles estavam agindo muito rápido para abordar segmentos de consumo de novas formas e, segundo, as empresas digitais menores estavam basicamente desafiando a forma fundamental como a indústria aborda o mercado.

"Nós e a maioria dos nossos concorrentes éramos basicamente centrados no produto. Enquanto tínhamos uma forte filosofia de serviço ao cliente, a organização era estruturada em torno de entregar produtos e serviços a esses consumidores", explicou ela. "O crescimento era bom perante as concorrentes tradicionais, mas não era um crescimento excepcional. Enquanto isso, as disruptoras estavam entrando no espaço com uma perspectiva nova acerca do que os clientes realmente valorizam e como simplificar a experiência do consumidor de modo geral usando habilidades digitais.

"Então, tivemos que desafiar a nós mesmos. Éramos um nítido líder do setor que fora muito bem-sucedido, mas o mundo estava mudando. Como poderíamos adicionar valor para os clientes mais rapidamente? Como podíamos aumentar nossa velocidade? Como podíamos reimaginar a experiência? E como podíamos expandir o próprio mercado?"

Em muitas empresas antigas, a hierarquia organizacional e a cultura existentes atrapalham a movimentação rápida, e a Fidelity PI não era exceção. Um estudo de tempo trouxe uma visão exata de por que as coisas atolavam. Murphy pediu a dois subordinados diretos que ajudassem a analisar exatamente como cada pessoa em uma das unidades de negócios da PI estava de fato usando seu tempo. Eles descobriram que, em média, cada uma das 100 pessoas naquela unidade trabalhava em 10 coisas diferentes em determinado momento. E essas 10 coisas não eram as mesmas em todo o grupo.

As pessoas trabalhavam em suas diversas áreas funcionais e passavam as coisas para a frente quando concluíam sua parte em um processo sequencial por etapas. Havia muitas reuniões de grupos grandes e PowerPoints extensos para coordenar projetos e manter o alinhamento. Foram inseridos "analistas de negócios" para coordenar o negócio e as funções tecnológicas. Alguns grupos, como o de marketing, costumavam não se envolver até o fim do ciclo de desenvolvimento. E, se tivessem preocupações naquele estágio — se achassem que a ideia não funcionaria —, significava que o projeto teria que ser retrabalhado, gerando atrasos significativos. Mesmo coisas simples, como agendar reuniões para um grande grupo de pessoas muito ocupadas, podiam demorar semanas. O ritmo e o progresso ficavam estagnados.

Inspirada pelo que as empresas digitais eram capazes de fazer, Murphy perguntou-se: "E se nos organizássemos mais como os players digitais — usando equipes pequenas, integradas e alinhadas para atingir um objetivo do consumidor por vez?"

Tal "e se" levou a um projeto-piloto lançado na segunda metade de 2016, no qual as 100 pessoas foram alocadas a equipes menores de dez, cada uma a cargo de completar um objetivo por vez. As pessoas em cada equipe representavam todo tipo de expertise necessária ao projeto — tecnologia, design, desenvolvimento de produto, compliance regulatório, marketing, e assim por diante. Juntas, elas gerenciariam o projeto do início ao fim. E cada equipe não trabalharia em nada mais.

A equipe integrada experimental conseguiu uma redução de 75% no tempo de entrega. Esse sucesso inicial levou à criação de mais equipes integradas. Uma estava focada em digitalizar o serviço ao consumidor. A ideia era facilitar para que os clientes fizessem sozinhos o que quisessem fazer sozinhos, como verificar extratos ou ajustar portfólio, sem ter que ligar para uma central. Assim como o piloto inicial, essa também concluiu o trabalho muito mais rápido. Uma vez que os membros da equipe foram liberados de outros trabalhos, foram capazes de ter muito mais progresso, e mais rápido, para simplificar a experiência do consumidor.

Embora a meta fosse criar uma experiência do consumidor melhor e mais simples, o projeto gerou dois outros benefícios: economizou centenas de milhões de dólares para a Fidelity e permitiu aos colaboradores que atendiam pessoalmente aos clientes que trabalhassem em atividades que adicionavam mais valor ao ajudá-los.

Claramente, a Fidelity PI estava no caminho certo. As equipes integradas estavam se mostrando uma forma eficiente de acelerar a inovação na empresa de 70 anos. E as pessoas trabalhando nessas equipes inspiradas pelo método ágil acharam a nova forma de trabalhar libertadora. Elas gostaram de tomar muitas de suas decisões sem precisar navegar por camadas de aprovações, eliminando as horas gastas em reuniões aparentemente infinitas.

Conforme as pessoas compartilhavam sua empolgação com a nova forma de trabalho, a notícia se espalhou pelas redes informais da PI, e outros que continuavam a trabalhar da mesma forma começaram a perguntar "Por que não nós?". Eles também queriam trabalhar dessa nova maneira empolgante. "Chegou ao ponto em que eu passava muito tempo arbitrando entre aqueles que trabalhavam no novo modelo e aqueles fora dele", diz Murphy.

O feedback deu a Murphy o incentivo para passar o restante da organização para o novo modo de trabalho rapidamente. Ela e sua equipe criaram um novo design organizacional com base em equipes integradas onde fosse possível, e se concentraram em algo que está no cerne de toda empresa digital bem-sucedida: conhecimento profundo e foco inabalável na experiência de ponta a ponta do consumidor.

Do Cliente à Estrutura Organizacional

Murphy diz que entrou para a Fidelity em 2009 por três motivos: seus valores, incluindo a mentalidade de cliente primeiro, a base de associados talentosos e a liderança progressista da Fidelity. Ela sabia que a Fidelity tinha histórico de ser uma organização centrada no cliente, e que não tinha medo de desafiar o pensamento convencional. Com o apoio da gerência sênior da empresa, ela viu uma oportunidade de explorar a cultura de novas formas para atender às necessidades e expectativas dinâmicas dos consumidores após a recessão de 2007–2009.

Para entender melhor as necessidades e expectativas dinâmicas dos consumidores, Murphy e sua equipe de liderança exploraram os milhares de colaboradores que tinham contato direto com os consumidores e se orgulhavam muito de servi-los bem. Ela trouxe grupos deles ao escritório central, onde uma série de "conferências" deram à equipe sênior a oportunidade de ouvir em primeira mão o que aqueles colaboradores vinham observando a respeito dos consumidores em suas interações diárias. Ela fez muitas visitas de campo, nas quais encorajou as pessoas a serem honestas acerca do feedback dos consumidores, e ouviu a horas de ligações gravadas de consumidores (e ainda as ouve — 24 horas por mês).

Enquanto isso, empresas digitais como Amazon, Netflix e Google estavam interagindo com os consumidores de formas totalmente novas e elevando suas expectativas. Nesse cenário, os esforços da Fidelity PI para consertar os problemas que surgiram não pareciam bons o suficiente. Eles tinham que entender seus clientes em maior granularidade e profundidade, e usar esse entendimento profundo para orientar todas as suas decisões. Em 2014, uma equipe iniciou o processo árduo de descrever detalhadamente o primeiro de diversos modelos de persona do consumidor que representavam os segmentos de clientes-chave que a PI atendia. "Susie", por exemplo, tinha 37 anos e meio, experiência com tecnologia e um pouco de experiência em investimentos. Ela era casada e tinha dois filhos, vivia nos arredores da Filadélfia e ia trabalhar de trem. Ela usava seu celular frequentemente. Foi bastante intencional escolher uma mulher, já que elas têm sido muito mal amparadas pela indústria dos serviços financeiros. Ela representava uma tremenda oportunidade de desafiar as práticas correntes do setor.

A equipe pesquisou todos os aspectos da vida de Susie e cada passo de seu dia. Sua vida foi mapeada em um espaço de seis metros de parede coberto com gráficos e dezenas de notas adesivas. Os pontos de dor em sua jornada do consumidor foram identificados, bem como as métricas associadas a eles. Um conjunto de pontos captou as prioridades da vida financeira de Susie. Outro traçou a cronologia de suas interações com a Fidelity quando acessava sua conta. Uma seção da parede avaliava o impacto empresarial de diversas mudanças na experiência do consumidor e ao longo do tempo. Outra seção monitorava todas as tarefas que os membros da equipe estavam tentando concluir e como seu prazo afetaria — e seria afetado por — outros projetos. As notinhas escritas à mão podiam ser facilmente movidas ou modificadas conforme as coisas progrediam ou tinham problemas. É trabalho em tempo integral de alguém cuidar da parede e mantê-la atualizada.

Esperava-se que todos na PI conhecessem a persona de Susie para de fato "se colocar em seu lugar", como Murphy disse. A parede tornou todos os detalhes sobre Susie e os projetos que se destinavam a ela visíveis para todos.

Já vi outras empresas fazerem esse tipo de exercício, mas raramente com tanta energia e atenção aos detalhes como a equipe da Fidelity PI. É comum delegar a tarefa a empresas de consultoria. Quando pessoas internas fazem a pesquisa, porém, o aprendizado tende a ser mais profundo e as pessoas se atentam mais aos detalhes que podem ser diferenciadores. É mais do que conduzir grupos focados; é observar atentamente para notar as particularidades do comportamento do consumidor.

Quando a jornada de Susie se completou, a equipe fez o mesmo exercício com "Sally", uma viúva que vivia em Scottsdale, Arizona. Sally é mais velha, próxima à aposentadoria e tem necessidades financeiras mais complexas do que as de Susie.

Assim, resta uma terceira categoria ampla de consumidores: Harry, um trader ativo.

Essas três personas, Susie, Sally e Harry, tornaram-se os pontos de referência para mapear as experiências de ponta a ponta do consumidor nos três grandes segmentos de consumidores. Esperava-se que esses arquétipos de clientes estivessem na dianteira de todas as discussões de novas iniciativas e todas as decisões empresariais.

Eles também se tornaram a base para reestruturar a organização em cerca de 180 equipes integradas e comprimir uma organização de mais de 8 camadas, entre a linha de frente e a presidente da Fidelity PI, em apenas 3.

A atual estrutura organizacional da Fidelity se parece muito com a de uma empresa digital. Tendo observado a empresa por seis anos, posso dizer que ela obteve a mesma vantagem competitiva como resultado. Após trabalhar dessa forma por um ano inteiro, os lançamentos de produtos, recursos e serviços novos aumentaram em 50% ano após ano. Além disso, a PI atingiu receitas e lucros recorde, aumentou sua fatia de mercado e ampliou a distância entre si mesma e as outras concorrentes em seu espaço. No segundo ano, houve uma melhoria adicional de 130% no número de lançamentos novos, acelerando ainda mais o progresso.

"Trabalhando a partir do cliente, nós reimaginamos como a experiência do consumidor deveria ser e como poderia ser individualizada de formas que seria impossível entregar se não fossem digitais", diz Murphy. "Fomos capazes de adicionar muito mais valor para os clientes."

Um exemplo é a Fidelity ZERO. "Nosso CEO queria que acelerássemos a inovação, e tivemos a ideia de oferecer fundos de índice com taxas zero", disse-me Murphy. "Analisamos nossas finanças e vimos que podíamos fazê-lo. O CEO nos deu o aval em meados de maio de 2018 e estávamos prontos para lançar em seis semanas. O único atraso foi a espera pela aprovação regulatória. No dia em que lançamos, ele causou uma queda de 5% nos preços das ações de nossos concorrentes."

Essa iniciativa era parte de um fluxo constante de novos recursos, novas experiências e novos produtos apresentados em ritmo muito mais rápido. Eles estão ajudando a democratizar os investimentos, o que está levando os serviços para um público mais amplo e expandindo com eficiência o espaço de mercado na linha do 10x, o que significa que o mercado potencial total poderia ser muitas vezes maior do que é hoje.

Ágil e Apenas Três Camadas

Mesmo uma típica empresa digital como a Amazon tem uma estrutura de reporte multicamadas em algumas partes de seu negócio, como em suas operações de armazém e no Marketplace para vendedores terceirizados. Mas, em áreas onde a inovação para os consumidores é mais crucial, as *equipes* comandam e o número de camadas do CEO, Jeff Bezos, até a equipe é menos de quatro.

Conforme a Fidelity PI testou, e depois expandiu, sua estrutura baseada em equipes integradas, ela usou os princípios e a linguagem do desenvolvimento ágil (minha visão é de que os princípios são mais importantes do que a terminologia específica). O trabalho é organizado em domínios, que é o termo ágil para áreas focadas em um objetivo estratégico específico. Gestão Patrimonial é um (esse é o domínio da jornada de ponta a ponta de "Sally"); Planejamento Digital (domínio de "Susie") é outro. Um domínio se concentra em tirar um negócio de um mainframe e levá-lo para a nuvem, e o outro abrange partes do negócio que são melhor executadas da forma tradicional, como a força de vendas e o backoffice.

O trabalho do domínio é dividido em tribos, cada uma concentrada em um objetivo que seu domínio está tentando atingir. "Gestão Patrimonial", por exemplo, tem nove tribos para áreas de foco como "Planejamento Patrimonial" e "Aposentadoria e Soluções de Renda". O trabalho de uma tribo é, então, separado em questões ou problemas específicos que precisam ser resolvidos. É aqui que as equipes integradas de 10 a 15, também conhecidas como esquadrões, entram. A Gestão Patrimonial tem cerca de 60 deles.

As camadas organizacionais abaixo de Murphy, então, são em menor número: domínios, tribos e esquadrões.

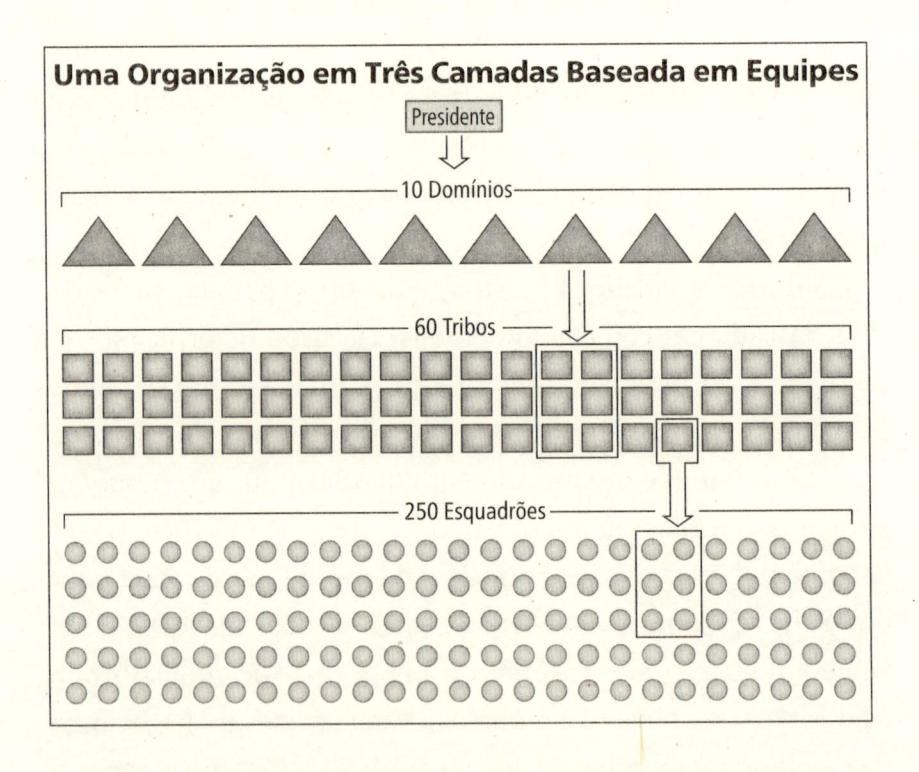

Uma Organização em Três Camadas Baseada em Equipes

Presidente
↓↓
10 Domínios
60 Tribos
250 Esquadrões

A velocidade aumentada é o resultado de ter pessoas nos esquadrões totalmente dedicadas, integradas e colocalizadas onde possível, dando-lhes uma missão precisamente definida e a autonomia para encontrar suas próprias soluções para o problema ou tarefa atribuído. Na Fidelity, os andares antes forrados de cubículos são hoje espaços abertos com mesas altas e baixas para as pessoas apoiarem seus notebooks ou se reunirem para uma conversa. Murphy não tem mais um escritório, mas sim uma mesa permanente em um canto do andar.

O ambiente é atraente não apenas para millennials e tecnólogos, pelos quais a Fidelity tem que competir contra empresas como Google e Facebook, mas também para associados mais de linha de frentes, que dizem valorizar a maior autonomia, colaboração e velocidade. "Quando a pessoa está sentada bem ao seu lado, o feedback é instantâneo", explica Ram Subramanian, que lidera o domínio de Gestão Patrimonial da PI. Com mais de US$1 trilhão em ativos, a Gestão Patrimonial é o maior domínio da Fidelity. Subramanian continua: "Não é preciso esperar oito semanas para ouvir que algo não vai funcionar."

Coordenação e controle são problemas antigos em grandes empresas. Mas as startups e gigantes digitais provaram que a tecnologia contribui muito para resolvê-los. Pode-se dizer que há *zero* camadas organizacionais quando a tecnologia torna a informação transparente para todos os autorizados a vê-la.

Após um esforço para recrutar 100 cientistas de dados e tecnólogos altamente qualificados de empresas como Microsoft e Amazon, a Fidelity deu a 15 deles a tarefa de construir uma plataforma que permitiria que as informações fluíssem para cima, para baixo e por toda a organização. Demorou apenas três meses para eles criarem a Sensors Dashboard, que mensura atividades em todas as partes da PI em tempo real e pode ser acessada por todos os esquadrões.

Para gerenciar projetos e equipes ágeis, a Fidelity PI usa o popular software terceirizado Jira. Ele monitora informações desde a base, sinalizando qualquer coisa que fique para trás para que a equipe possa tomar a iniciativa de analisar.

Outro software terceirizado chamado Jira Align (antigo AgileCraft) ajuda líderes superiores a centralizar o plano e interligá-lo à execução por toda a organização. Ele mantém o panorama geral no centro de tudo, mesmo quando está separado em tarefas e missões distintas que são atribuídas às equipes, e prevê o progresso de uma equipe em sua tarefa. Qualquer um no sistema pode entrar e verificar as coisas — para ver, por exemplo, como está o desempenho de um esquadrão específico, seu backlog, seu grau de satisfação e sua velocidade. Isso facilita a detecção de dependências, onde o trabalho de um esquadrão depende do trabalho de outra pessoa, para que as pessoas possam ajustar suas prioridades e realizar um autopoliciamento.

A tecnologia torna os dados em tempo real transparentes, mas ainda assim a organização depende de pessoas para encaixar as peças diariamente. Como? Por meio da boa a velha interação humana.

Scrum masters — especialistas em metodologias e rituais ágeis — facilitam reuniões diárias em pé, de 15 minutos, tão rápidas que não exigem cadeiras. Eles não são líderes de projeto. Em vez disso, ajudam o esquadrão a alinhar-se conforme o objetivo e o tempo, ajudam a identificar dependências e removem obstáculos ao progresso dos esquadrões, e auxiliam a equipe a manter-se no caminho.

Um grupo de coaches ágeis trabalha com líderes de tribos para ajudar a garantir que o trabalho das tribos se una para apoiar objetivos de nível mais alto. Eles são especialistas em implementar projetos ágeis e oferecer treinamento permanente às tribos. No início da implementação do ágil eles têm um papel importante de educar os líderes. Conforme essas habilidades ágeis se consolidam, os coaches ajudam os líderes e as equipes a alavancarem os benefícios do método ágil de maneiras mais sofisticadas.

A coordenação também é facilitada por meio do "big room planning". Uma vez a cada trimestre, os 100 principais líderes se reúnem em uma sala para avaliar todas as suas interdependências. Essas sessões eram um pouco morosas no início, consumindo dois dias inteiros. Agora que as pessoas estão acostumadas a concentrar-se nos potenciais conflitos, as sessões costumam durar algumas horas. Elas são energizadas pela determinação em resolver conflitos instantaneamente.

O Lado Gentil das Concorrentes Digitais

Métricas e painéis de controle digitais podem ajudar a manter os esforços das pessoas alinhados, mas seu maior potencial é liberado quando elas veem como seu trabalho impacta em algum propósito maior. Ter um senso de propriedade de seu trabalho é uma fonte de satisfação enorme na vida de uma pessoa. Trabalhar com líderes que removem obstáculos e resolvem conflitos leva essa satisfação a um nível superior.

Quando a Fidelity PI começou com o piloto de suas equipes funcionais, os participantes se adaptaram rapidamente. Diferentemente das histórias comuns a respeito de colaboradores que resistem à mudança, na Fidelity a maioria das pessoas a acolheu. E essa aceitação social precedeu qualquer ordem vinda do topo.

Em meados de 2017, ficou claro que a PI precisava acelerar o prazo para colocar outros da organização trabalhando na nova estrutura organizacional baseada em equipes. Murphy chamou Monish Kumar, diretor executivo e sócio sênior no Boston Consulting Group, e sua equipe para ajudar na concretização até o fim do ano. Murphy sabia que sua organização estava pronta para a mudança, e ela estava totalmente comprometida com isso. Kumar recorda sobre quando recebeu uma ligação dela no dia 4 de julho e pensou: "Ela claramente tem mais em mente do que um churrasco de verão!"

Murphy definiu janeiro de 2018 como a data-limite para o Project Snap the Line. "Queríamos começar 2018 do zero, sem olhar para trás", disse Murphy. Kumar incorporou o poder da visão transformadora de Murphy e desenhou planos para entregar a mudança necessária em um prazo muito agressivo.

Eles adotaram uma abordagem centrada no consumidor para desenhar a estrutura organizacional, diagramaram os domínios, tribos e esquadrões, e instruíram as pessoas sobre como aquilo funcionaria. "Nós fomos além do produto tradicional e da estrutura organizacional funcional para uma definida principalmente pelas necessidades dos consumidores, reforçando intencionalmente uma mentalidade obcecada pelo consumidor", explicou Murphy.

Mas o sucesso final dependia das interações humanas dentro das equipes, e isso dependia extremamente dos líderes das equipes.

A maioria das atuais gigantes digitais começaram com uma equipe pequena de indivíduos altamente qualificados cujos talentos estavam em alta demanda. As empresas competiam por aquelas pessoas (e ainda competem), em parte oferecendo opções de ações e em parte criando um ótimo ambiente de trabalho. As regalias e liberdades do Vale do Silício podem chamar a atenção, mas refletem basicamente diferentes suposições que as empresas digitais fazem a respeito das pessoas e como melhor liderá-las.

A suposição predominante é de que a maioria das pessoas é inerentemente automotivada, quer contribuir, pode resolver problemas e tem o desejo de aprender coisas novas. Elas querem ser ouvidas, respeitadas e tratadas de forma justa, e sabem que suas contribuições importam. Um chefe com estilo de liderança de comando e controle provavelmente as empurrará diretamente para os braços de um recrutador.

Era muito importante que os líderes da PI fossem escolhidos principalmente com base em sua capacidade de promover a colaboração entre trabalhadores do conhecimento, fortalecer suas equipes e dar apoio a seus esquadrões e unidades. A PI já havia incorporado o conceito de liderança baseada em comportamentos "multiplicadores", como descrito no livro *Multiplicadores,* de Liz Wiseman. A equipe sênior da PI usava agora esses conceitos para criar um guia para escolher os líderes das tribos, as áreas de unidades, os esquadrões e as equipes.

Nenhum dos líderes existentes teve emprego garantido como líder de equipe ou de esquadrão. Em vez disso, eles, junto a todos os outros, foram convidados a candidatar-se.

Então, Murphy e sua equipe sênior dedicaram uma quantidade enorme de tempo e esforço para garantir que escolhessem as pessoas certas para cada uma das novas posições de líder de equipe. Todos os líderes passaram por uma avaliação 360°, e dois líderes sênior entrevistaram cada candidato, um processo longo que demorou um mês de esforço concentrado de toda a equipe sênior da PI.

Chegou, então, a hora de escolher. A equipe sênior da PI trancou-se em uma sala por dois dias e noites inteiros para debruçar-se sobre todas as informações que reuniram. Eles tinham os resultados das avaliações 360°, históricos de desempenho e anotações meticulosas de entrevistas de 1.500 pessoas que mostraram interesse em se tornar líderes. "Grudamos tudo na parede e falamos profundamente a respeito de cada uma das pessoas", diz Murphy.

"Sabíamos que aqueles que escolhêssemos como líderes de equipe seriam um teste de nossa seriedade acerca das mudanças em nossa forma de trabalho", continuou ela. "E isso nos forçou a fazer algumas escolhas bem difíceis."

"O processo concentrava-se muito em sua capacidade de liderar de uma nova maneira, e não no que sabiam. Então, comparamos cada pessoa aos traços de liderança multiplicados que havíamos definido. Ficou claro que algumas pessoas que eram consideradas heroínas e não tinham feito nada de errado não seriam capazes de entrar no novo modelo. Algumas seriam, mas outras simplesmente não se adequavam."

"Por outro lado", diz Subramanian, "descobrimos algumas pérolas. Algumas pessoas não conheciam muito sobre o produto em si, mas eram muito boas em ajudar as pessoas a colaborar e construir um resultado focado no consumidor. Cerca de um terço dos líderes de esquadrão jamais seriam escolhidos no sistema antigo".

Os líderes sênior escolheram primeiro os líderes de tribo, e depois os líderes de esquadrão, e foram tranquilizados precocemente por seus subordinados. "Eu soube que estávamos no caminho certo quando alguém em um esquadrão me abordou logo depois de anunciarmos nossas escolhas e fez um comentário emblemático", lembra Murphy. "Essa pessoa disse: 'Eu não tinha certeza se vocês estavam falando sério, mas então vi que escolheram Kate, e soube que era pra valer.'" Kate, explicou Murphy, falava baixo e não tinha a típica personalidade alfa. Ela acabou conquistando uma das posições mais desejadas e fazendo um ótimo trabalho.

Toda a Fidelity Personal Investing converteu-se à nova forma de trabalho em 3 de janeiro de 2018. Murphy se apressa em dizer que ainda é um trabalho em curso. Nos primeiros meses, foi necessário esclarecer que fortalecimento não significa que as equipes são totalmente autônomas. Elas precisam garantir que seu trabalho esteja alinhado ao de outras pessoas e dentro do prazo. Pouquíssimas pessoas saíram da organização, voluntariamente ou de outra forma, e ao final daquele ano, a grande maioria dos colaboradores disse que jamais gostaria de retornar à antiga forma de trabalho.

Logo depois que a PI implementou totalmente o método ágil, outras unidades de negócio da Fidelity, e até alguns departamentos administrativos como Auditoria Interna, começaram sua própria transição para essa estrutura integrada baseada em equipes. Atualmente, muitas partes da Fidelity operam dessa forma.

O "Quem" e "Como" de um Motor Social: Liderança e Cultura

Faz sentido que as equipes integradas sejam capazes de concluir projetos mais rápido, mas as atuais gigantes digitais obtêm benefícios mais potentes de seus motores sociais. Pense na capacidade da Amazon de ramificar-se em novas áreas e escalar rapidamente. Obviamente, sabemos que Jeff Bezos tem uma imaginação fértil e um talento imenso, mas o sucesso da empresa não pode ser atribuído a um indivíduo.

A Amazon tem um exército de pessoas em busca de novas coisas, lutando para melhorar o que já existe e elevando constantemente o nível de seu próprio desempenho. Espera-se que todo candidato a emprego tenha os maiores padrões e um desejo de aprender e pensar grande. O processo de contratação da Amazon costuma incluir "elevadores de nível" certificados, pessoas que têm demonstrado sua capacidade de avaliar se o talento do candidato está acima da média atual da Amazon. Espera-se também que os colaboradores sejam "desenvolvedores" e geradores de ideias, comprometidos em criar algo de valor intrínseco.

Uma massa crítica de pessoas assim organizadas e gerenciadas de forma que liberem sua energia e seu talento é uma força da natureza maravilhosa. Ao descrever as origens da AWS, o negócio de serviços em nuvem em rápido crescimento da Amazon, Andy Jassy passa a imagem de pessoas inteligentes reunindo suas ideias em um ambiente favorável ao seu desenvolvimento em algo novo. Jassy, que liderou a AWS desde o início, diz que o cerne da ideia surgiu em um retiro na casa de Jeff Bezos em 2003, três anos antes de a AWS ser lançada intencionalmente sem muito alarde.

Como Ron Miller relatou no site *TechCrunch* em julho de 2016, a equipe executiva da Amazon estava realizando um exercício para identificar as competências centrais da empresa quando a discussão se expandiu:

"Conforme a equipe trabalhava, recorda Jassy, eles perceberam que também tinham ficado muito bons em operar serviços de infraestrutura como computação, armazenamento e base de dados... E tem mais, eles tinham se tornado altamente qualificados em operar data centers confiáveis, escaláveis e econômicos conforme a necessidade... Foi nesse ponto, sem mesmo articular isso totalmente, que começaram a formular a ideia do que a AWS poderia ser, e começaram a se perguntar se tinham mais um negócio para oferecer serviços de infraestrutura para desenvolvedores.²

"'Em retrospecto, parece bastante óbvio, mas na época acho que não tínhamos de fato internalizado aquilo', explicou Jassy."

O poder do motor social de qualquer empresa está tanto no *quem* quanto no *como*. Quem contratar? Ou, no caso da Fidelity, quem selecionar para ser os líderes de equipe? E como melhorar seus instintos naturais para fazer um trabalho significativo?

Os fundadores das empresas de tecnologia em rápido crescimento atual, até mesmo voltando a Bill Gates e Steve Jobs no início de suas empresas, destinam tremendo esforço ao recrutamento de pessoas. Eles consideram as pessoas não somente por como se ajustam a um trabalho imediato, mas por sua capacidade de lutar, aprender, crescer e fazer as coisas.

Os cofundadores do Google, Sergey Brin e Eric Schmidt, estabeleceram padrões que cada novo candidato precisava alcançar e um processo para sustentar esse padrão, incluindo a necessidade da aprovação final de um avaliador central. Com o tempo, o cofundador Larry Page assumiu o papel de dar a aprovação final a toda nova contratação.

Os executivos do Google também assumiram papel ativo no acúmulo de grandes talentos, como me explicou em 2016 Laszlo Bock, ex-diretor de "operações de pessoal" no Google: "Todos passávamos de um dia e meio a dois por semana recrutando. E não apenas entrevistando, mas promovendo candidatos, cultivando pessoas, conhecendo-as, construindo relacionamentos ao longo do tempo e às vezes ao longo de anos até que alguém estivesse pronto para agir.

"O objetivo era contratar pessoas que fossem excessivamente qualificadas para todos os trabalhos, em termos de experiência ou atributos, e desqualificar qualquer um que desse o mínimo sinal de que poderia não ser colaborativo ou intelectualmente humilde", continuou Bock. "Não importava qual fosse o trabalho, procurávamos pelo que chamávamos de *liderança emergente*. Quando um problema surgisse, será que a pessoa interviria para preencher o vazio e, talvez mais importante, abriria mão do poder para outra pessoa em uma fase diferente do problema?"

Quando Jeff Bezos convenceu Jeff Wilke a sair da AlliedSignal (hoje Honeywell) e ir para a Amazon em 1999, Wilke era orientado por métricas, centrado no consumidor e realizador — o tipo de pessoa que carregaria caixas cheias de livros apesar de ter um potencial de crescimento rápido em seu antigo empregador. Ele prosperou com as expectativas por altos padrões, senso de propriedade e pensar grande que já estavam enraizados como elementos-chave da cultura da Amazon. Trouxe consigo o conhecimento de ferramentas operacionais que Larry Bossidy havia usado para orientar uma execução excepcional na AlliedSignal (assunto de *Execução*, que Bossidy e eu coescrevemos). Wilke ajudou a conduzir o crescimento da empresa, enquanto ele também crescia em sua carreira. Atualmente, ele é CEO de Cliente Global na empresa que vale US$232 bilhões.

As gigantes digitais esperam que as pessoas sejam geradoras de ideias, solucionadoras de problemas, trabalhem em equipe e aprendam. Na Netflix, por exemplo, as expectativas declaradas para colaboradores assalariados não são aquelas vistas na maioria das empresas da Fortune 500. Elas incluem explicitamente coisas como "Criar novas ideias que se mostrem úteis", "Inspirar outros com sua sede por excelência", "Superar o ego na busca pelas melhores ideias" e "Aprender rápida e avidamente". Esses traços são temas recorrentes no mundo digital. Eles orientam decisões de contratação, e sua repetição frequente ajuda a moldar a cultura.

Uma forma simples de definir este termo amorfo, *cultura*, é a expressão de valores compartilhados por meio de comportamentos comuns. Uma massa crítica de pessoas comportando-se de certa forma molda o comportamento de outros, então o comportamento daqueles que são contratados e atribuídos a posições de influência é imensamente importante. Foi por isso que Murphy e sua equipe dedicaram tanto tempo e esforço à escolha dos líderes de tribos e de unidades.

Uma vez estabelecida, a cultura se torna um ímã para aqueles que compartilham os mesmos valores e comportam-se da mesma maneira — por exemplo, para quem se importa mais com aprender e contribuir do que acumular poder pelo motivo que for. Ela se perpetua sozinha.

Para empresas tradicionais, a expectativa por aprendizado contínuo e curiosidade (outra das expectativas declaradas da Netflix) é uma mudança de paradigma no pensamento sobre a carreira de uma pessoa. Na maioria das empresas, as pessoas esperam para dar o próximo passo em seu silo vertical — marketing, financeiro, vendas, TI. Em uma organização com apenas três camadas, porém, um número relativamente menor de pessoas dará um salto para um nível organizacional superior. Para a maioria, o sucesso é marcado de outras formas, como desenvolver uma expertise mais profunda, uma perspectiva mais ampla, ou uma maior habilidade em lidar com a complexidade.

Quando a Fidelity PI tirou mais de 5 mil de seus colaboradores de silos funcionais e os colocou em equipes integradas, foi necessário abordar as metodologias de progressão de carreira associadas à hierarquia corporativa tradicional. O novo modelo com muito menos camadas concentra-se em como os associados podem contribuir para adicionar valor e ter um impacto positivo no cliente e na empresa continuamente. As pessoas são recompensadas pelo quanto contribuem e o quanto suas habilidades e expertise podem crescer. Os associados gostaram da nova forma de trabalhar, mas se preocuparam sobre como avançariam em suas carreiras e em que as "promoções" ou aumentos salariais se baseariam. A organização abordou isso ao concentrar-se em habilidades, expertise e desenvolvimento pessoal como formas de classificar crescimento e avanços significativos na carreira.

A nova estrutura organizacional da PI inclui "unidades" (emprestadas da metodologia ágil), que são basicamente áreas de especialização. As pessoas em um esquadrão são retiradas de diversas unidades.

Os líderes de unidade têm a responsabilidade de ajudar a definir estratégias para as tribos, desenvolver as habilidades e a expertise de seu pessoal, e treinar seu desempenho constantemente.

"Atualmente, temos uma matriz de habilidades detalhada em nossa organização (diferentes aspectos da tecnologia, do digital, do design de usuário, do marketing, e assim por diante) que dão às pessoas um caminho adiante para ampliar seus conjuntos de habilidade e avançar", explica Murphy. "Ela também traz contexto ao mostrar em que outros esquadrões você poderia trabalhar para empregar ou ampliar suas habilidades em diferentes esquadrões ou até em diferentes unidades ao adquirir novas habilidades."

EQUIPES EM VEZ DE CAMADAS ORGANIZACIONAIS

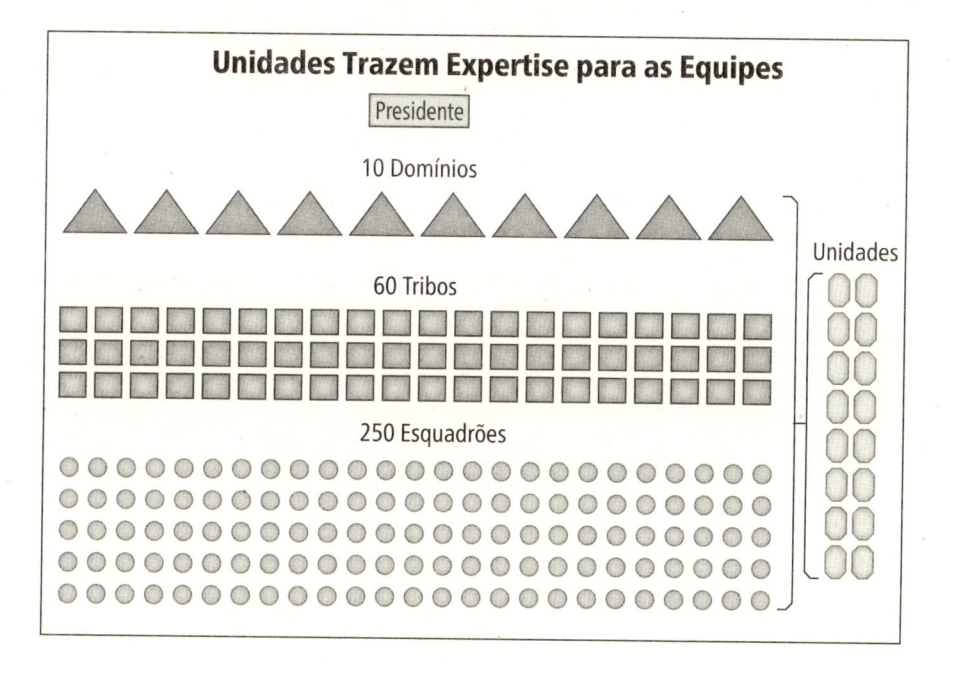

Unidades Trazem Expertise para as Equipes

Presidente

10 Domínios

60 Tribos

250 Esquadrões

Unidades

A matriz e a avaliação de habilidades dão às pessoas uma estrutura para progredir. "É como a nova moeda em termos de como pagamos às pessoas e como se progride na carreira", acrescenta Murphy. "Alguns querem desenvolver-se em suas carreiras liderando e treinando pessoas, enquanto outros prefeririam muito mais ser recompensados pelo valor prático que oferecem aos consumidores e à empresa, e por aprofundar sua expertise."

A Fidelity PI assumiu um grande compromisso com o desenvolvimento de seu pessoal e de suas habilidades ao ter um "dia de aprendizado" toda semana. Toda quinta-feira as pessoas ficam livres para trabalhar no desenvolvimento de habilidades novas ou existentes, assistir a aulas ou fazer o que quiserem para aprender e crescer. Isso corresponde a 20% de seu tempo. E o pessoal da Fidelity PI usufrui disso, tendo acumulando 1 milhão de horas de aprendizado no primeiro ano em que a prática foi estabelecida.

Espera-se que os líderes continuem aprendendo também. As 200 pessoas principais na Fidelity PI tiveram aulas no MIT para aprender sobre algoritmos básicos. Subramanian está aprendendo do zero a programar em Python. E alguns dos especialistas em tecnologia de mainframe obtiveram certificação em computação em nuvem.

Murphy diz: "A ênfase no aprendizado acelerou absolutamente nossa inovação e nossa jornada digital."

Turbinando a Criatividade

Se existe um ingrediente secreto que torna os diversos componentes do motor social de uma empresa — coisas como camadas organizacionais mínimas, equipes autônomas integradas, transparência e crescimento individual — ainda mais poderosos, é isso: o poder do *diálogo simultâneo*.

Imagine uma equipe integrada de especialistas cuja inclinação natural é aprender, crescer e lutar. Eles se concentram em uma missão clara na qual acreditam e para a qual existem métricas específicas de desempenho. Seu trabalho é livre de politicagens e burocracias, e é apoiado por um líder que abre o caminho.

Quando essas pessoas discutem algo em grupo, todos os membros ouvem a todos os comentários simultaneamente e, portanto, sem distorção. Conforme a informação é compartilhada, vieses inconscientes são verificados, e surge uma única *fonte de verdade*, ou realidade compartilhada.

Com essa única fonte de verdade como fundamento, a troca contínua é um tipo de processo de triangulação para determinar a melhor ideia, solução ou opção. Refiro-me ao resultado desse tipo de *diálogo simultâneo* como o alvo, pois é o foco e o propósito central do grupo.

Visões desenvolvem-se conforme as pessoas compartilham observações e informações, baseando-se nos comentários umas das outras. Novas informações e visões estimulam outras ideias novas, geram energia nova e expandem a capacidade mental das pessoas. É aqui que nascem as novas ideias que, com dados e feedback em tempo real, podem ser iteradas e refinadas rapidamente.

O diálogo pode gerar inovações e avanços bem-sucedidos na solução de problemas rapidamente. Especialmente em grandes organizações, o resultado de uma equipe é o insumo para outra, então o efeito pode ser cumulativo. Esse é o motor social que move uma startup e gera valor para o consumidor, para a empresa e para os colaboradores, todos ao mesmo tempo.

Com vigilância para mantê-lo funcionando bem, esse tipo de motor social pode acelerar o crescimento de uma empresa digital e ampliar sua liderança. Empresas tradicionais ou antigas não devem subestimar seu poder ou sua importância.

A transição da Fidelity PI para ser uma inovadora digital deveria encorajar todo aspirante a líder. Você também consegue! Quer você esteja criando uma empresa digital, fazendo a transformação para que se torne uma, ou já esteja em uma, sua liderança moldará a vantagem competitiva da empresa — ou colocará o negócio em desvantagem competitiva. O próximo capítulo define as características-chave que qualquer líder precisa a fim de levar sua empresa para o futuro.

CAPÍTULO 8

LÍDERES QUE CRIAM O QUE VEM DEPOIS

Regra 6: líderes descobrem, imaginam e superam obstáculos continuamente para gerar a mudança com a qual outras empresas devem competir.

Seguir as novas regras sem prestar atenção à sua própria liderança é perigoso. Empresas são criadas, expandidas e deixadas para secar e morrer, ou ser reanimadas, por seus líderes. O Walmart começou sua digitalização em 2001, mas esses esforços não levaram a lugar nenhum até Doug McMillon tornar-se CEO em 2014. A Microsoft estava à deriva até que Satya Nadella assumiu. Larry Page e Sergey Brin criaram um novo campo competitivo. O mesmo foi feito por Mark Zuckerberg. Esses são lembretes do que deveria ser óbvio: a liderança importa para o sucesso de uma empresa.

Estamos agora em um período no qual os líderes são continuamente testados com condições dinâmicas e uns contra os outros. Até então, os líderes digitais têm uma vantagem, não porque são mais jovens e tecnologicamente experientes, mas porque lideram de formas inerentemente adequadas para uma empresa digital na era digital.

Entender o que há de diferente nos líderes digitais ajudará a todos que já tiveram sucesso em um arranjo tradicional e devem agora mudar seus hábitos e mentalidades. Pode parecer duro, mas aqueles que acreditam não estar à altura do que a liderança exige na era digital devem pensar em assumir um papel diferente e abrir caminho para outra pessoa. Rupert Murdoch, da Twenty-First Century Fox, e Frank Lowy, da Westfield Corp., cederam o todo ou parte de suas empresas para outros que eram supostamente mais bem adequados para dirigi-los. Mais dessas mudanças de liderança virão.

Mas ninguém é predestinado ao sucesso ou ao fracasso. É um jogo aberto, e estamos vendo o desafio perante os líderes atuais acontecendo em tempo real.

Veja a Walt Disney Company, um ícone norte-americano. Bob Iger tornou-se seu CEO em 2005 após uma carreira de décadas na televisão. A empresa produziu LPA e dividendos mais do que respeitáveis por muitos anos sob sua liderança. Mas, quando os críticos das mídias viram a Netflix decolando, não enxergaram uma adequação compatível da Disney. Alguns começaram a questionar como e quando a Disney reagiria ao declínio acentuado da televisão e à ascensão do streaming de vídeo.

Durante boa parte do mandato de Iger, ele buscou revigorar a produção de conteúdo da empresa, especialmente de animação, que tinha perdido sua essência. O caminho mais direto para refrescar a criatividade da Disney, acreditava ele, era adquirir a Pixar, que vinha exercendo suas habilidades criativas e tecnológicas para produzir as novas animações favoritas de todos, incluindo *Toy Story* e *Procurando Nemo*. Iger defendeu de forma persuasiva para Steve Jobs que um negócio seria bom tanto para a Pixar quanto para a Disney, Jobs concordou e o negócio foi finalizado em 2006.

A busca por conteúdo de qualidade levou a duas outras grandes aquisições que logo aconteceram: Marvel Entertainment, em 2009, com sua biblioteca de personagens de histórias em quadrinhos, e Lucasfilm, em 2012, com sua franquia *Star Wars*.

As aquisições explodiram o sucesso de bilheteria da Disney. Em 2016 (mesmo ano em que a Disneyland de Xangai abriu), quatro novos lançamentos geraram mais de US$1 bilhão cada em receitas mundiais de bilheteria.

Porém, ainda que a tecnologia digital estivesse no radar de Iger há muitos anos, não havia indicação de que a gigante da mídia estava levando a sério o streaming de vídeo. Até 2017. Repentinamente, as referências de Iger à disrupção e à tecnologia digital levaram à ação. A Disney entrou com tudo no streaming de vídeo.

A BAMTech, uma startup de Manhattan criada para transmitir jogos de beisebol ao vivo, seria essencial. Ela havia montado o serviço de streaming do Hulu, bem como da HBO Now e outros. A Disney já havia feito um pequeno investimento na empresa; então, em 2017, negociou a fim de expandir sua participação para 75%. A BAMTech construiu um serviço de streaming para a ESPN, da Disney, que foi lançado em 2018, e outro, hoje conhecido como Disney+, que foi lançado no fim de 2019. Construir a plataforma digital com a BAMTech foi mais rápido que fazê-lo internamente, mas exigiu um investimento de US$1,5 bilhão.

Essa quantia foi pequena em comparação ao que se tornou outra peça do quebra-cabeças digital da Disney. Em meados de 2017, logo após a Disney expandir seu investimento na BAMTech, Rupert Murdoch começou a conversar com Iger sobre os ativos da Twenty-First Century Fox. Isso fez Iger e seu diretor estratégico, Kevin Mayer, pensarem quais partes da Fox poderiam melhorar as ofertas da Disney e aumentar sua escala. Os estúdios de cinema da Fox e sua presença no mercado crescente da Índia seriam grandes impulsos na expansão global da Disney. A Fox também tinha uma boa participação no Hulu, o que se somaria às ações da Disney e lhe daria controle majoritário de um terceiro serviço de streaming que poderia distribuir conteúdos não adequados à marca familiar Disney+.

As negociações continuaram, e o negócio com a Fox foi fechado em 2019 com a Disney assumindo mais uma grande aquisição e investimento financeiro — no montante de US$71 bilhões — em meio à transição para o streaming que estava claramente acontecendo. No fim de 2019, Iger havia feito suas apostas e comprometido dezenas de bilhões de dólares para conectar-se diretamente com os consumidores e garantir um fornecimento amplo de conteúdo de qualidade. A Disney havia começado a retomar os conteúdos que licenciara a outras empresas, eliminando uma fonte confiável de receitas. E estipulou o preço de US$6,99 ao mês pelo Disney+, baixo o suficiente para atrair as famílias comuns.

Todas essas decisões significaram que os resultados e o caixa sofreriam no curto prazo e que o modelo de enriquecimento mudaria. Em vez de lucros por ação, Iger concentrou-se no número de assinantes como a medida de desempenho mais importante.

Ele foi convincente perante os investidores e teve que fazer o mesmo para aqueles dentro da empresa. O antigo modelo de enriquecimento estava sofrendo disrupção, bem como a organização. Formou-se um novo grupo para criar conteúdo especificamente para o mercado direto ao consumidor. Novos segmentos de negócios, com rótulos como "Direto ao consumidor e internacional" e "Parques, experiências e bens de consumo", refletiam a nova orientação e separavam os criadores dos analistas de dados. Para unir colaboradores, investidores e consumidores da Disney, Iger viajou o mundo explicando os planos da empresa e ouvindo. E foi ao conselho apoiar uma nova estrutura de incentivos.

Então, Iger é um líder digital? Não era previsto que ele se adaptaria aos princípios da vantagem competitiva na era digital, dada sua experiência e seu histórico. Qualquer líder amadurecendo em um ambiente empresarial estável e especialmente aqueles em uma empresa dominante, se não monopolista, podem ter dificuldade para se ajustar às dinâmicas que existem hoje. Mas ele parece ter seguido as novas regras:

- Ver o que os consumidores mais valorizam: ótimo conteúdo, personagens adoráveis e novas formas de consumir entretenimento.

- Usar uma plataforma digital para conectar-se com os consumidores e aprender a respeito deles individualmente com o potencial de personalizar sua conexão com os personagens e histórias da Disney.

- Criar um modelo de enriquecimento que se concentra em criar escala.

- Atrair eco-parceiros — como a Verizon, oferecendo o Disney+ a seus consumidores — para escalar o número de assinantes.

- Mudar o motor social para apoiar os novos posicionamento e modelo de enriquecimento da empresa.

Como CEO, Iger parecia pensar e agir como muitos líderes digitais que observei. Ele tinha a mente aberta; continuava aprendendo e identificando novos padrões; e estava imaginando algo novo, pensando grande e conduzindo a organização para buscar isso com ousadia apesar dos riscos. Resumindo, ele tinha a mentalidade, as habilidades e a coragem para liderar na era digital.

Qualquer empresa que seja ou queira ser digital precisa ter líderes que se equiparam aos critérios que uma empresa digital exige. Não era esperado que Iger fosse um líder digital quando o conselho administrativo da Disney lhe deu o cargo de CEO em 2005, mas, quando ele anunciou sua aposentadoria em 25 de fevereiro de 2020, havia se tornado um. Pode-se dizer o mesmo de Anna Saicali, da B2W, e Kathy Murphy, da Fidelity, sendo que ambas desenvolveram suas carreiras em empresas tradicionais e tornaram-se líderes digitais.

O Que É um Líder Digital?

As diferenças mais significativas que vejo nos líderes de empresas digitais em comparação com os líderes de empresas tradicionais ou antigas têm a ver com sua cognição, habilidades e orientação psicológica. O que é especialmente relevante é como essas coisas se misturam para ligar o pensamento amplo com questões pragmáticas de enriquecimento, execução e velocidade. Cada um dos pontos abaixo capta um aspecto de como os líderes digitais obtêm sucesso:

- Eles têm a capacidade mental de pensar em termos de 10x ou 100x, imaginar um espaço futuro que não existe e a confiança de que superarão quaisquer obstáculos que possam encontrar. São informados, extremamente focados no consumidor e têm imaginação e visão para conceber uma experiência de ponta a ponta do consumidor e um espaço futuro em larga escala. Conseguem ver como o enriquecimento e o ecossistema da empresa funcionarão juntos de formas novas e sustentáveis. Estão dispostos a fazer grandes apostas e suportar perdas iniciais de lucros e dinheiro em meio a dúvidas e ao ceticismo de Wall Street, porque têm uma imagem clara em suas mentes de como as coisas funcionarão. São capazes de construir ecossistemas em escalas enormes e acreditam que todo mercado em que entram é expansível.

- Eles têm facilidade com análises baseadas em dados e sentem-se confortáveis com elas. Fatos e conhecimento — não resultados previsíveis — lhes dão a coragem para agir. Eles misturam dados com intuição, examinam tendências futuras e ajustam suas ações e ofertas conforme surgem novos dados e fatos.

- Existe uma fluidez em seu pensamento. Eles acolhem a mudança e até a buscam. São, na verdade, a fonte do que os outros percebem como mudança implacável. As pessoas falam sobre como as empresas digitais estão desestabilizando as indústrias, mas a maioria de seus líderes não começa com essa intenção. Eles são motivados a criar algo novo. Seu processo de raciocínio fluido e iterativo torna a revisão estratégica anual obsoleta. Em vez disso, ela é contínua.

- Eles têm fome do que vem a seguir e estão dispostos a criar e destruir. Sua psicologia é orientada à alta velocidade, à urgência e à experimentação contínua. Eles buscam constantemente por aquilo que pode ser melhorado ou criado e que venha a ser importante para os consumidores, oferecendo uma nova fonte de receita. Não temem canibalizar o que têm ou abandonar o que não está funcionando. Enquanto líderes de empresas antigas esperam uma apresentação formal com tudo minuciosamente exposto antes de aprovar uma iniciativa, os líderes digitais estão dispostos a fazer grandes apostas sem o aparato formal. Eles se concentram nos benefícios ao consumidor e aceitam a incerteza. Sua psicologia, hábitos e DNA são predispostos a explorar, testar, aprender, ajustar e cortar perdas rapidamente quando necessário.

- Eles têm o tino observacional de absorver dados e montar algo que ainda não existe.

- IA e algoritmos podem ajudar empresas digitalmente adeptas à complexidade operacional, mas os líderes dessas empresas devem ser capazes de lidar com muitas variáveis conforme mudam os componentes básicos do negócio. Eles não ficam sobrecarregados pela velocidade da mudança e sentem-se confortáveis com o conceito de criar MVPs, ou produtos viáveis mínimos — uma versão suficientemente boa de uma oferta que pode ser testada e iterada rapidamente com base no feedback dos consumidores. Sua capacidade de lidar com o fluxo constante de novas informações permite que reajam rapidamente à velocidade das mídias sociais e ao boca a boca, e busquem continuamente direcionar recursos e reequilibrar as metas de curto e de longo prazos.

- Esse tipo de pensamento fluido e a facilidade em assimilar informações novas e complexas caminham lado a lado com o aprendizado contínuo. Tais líderes mantêm-se a par do novo e desafiam a si mesmos a aprender sobre coisas a respeito das quais nada sabem.

- São letrados na aplicação da ciência algorítmica e valorizam o raciocínio com base em fatos. Mas sabem que os dados nem sempre são suficientes.

- Eles recorrem a métricas e dados transparentes para orientar a execução. Assim como são altamente disciplinados em garantir que seu pessoal entregue resultados a tempo.

- São habilidosos em selecionar as pessoas certas para os trabalhos certos e rápidos em mover para outras posições pessoas não adequadas ao trabalho conforme ele muda.

- Estão dispostos a reconceitualizar a estrutura organizacional de modo que a tomada de decisão aconteça mais próxima ao consumidor para melhorar a velocidade e a qualidade das decisões. Sentem-se confortáveis em dar àqueles sob si a liberdade para agir, enquanto usam dados e incentivos para aumentar a responsabilidade e a execução.

- A palavra *coragem* tem sido associada à liderança forte por toda a história em todos os setores, de guerras a esportes e política. Para líderes digitais ou líderes tradicionais tornando-se digitais, a coragem tem uma granularidade específica. Eles têm a coragem de agir decisivamente, geralmente agindo de forma ousada apesar do fato de que o cenário emergente costuma basear-se em informações incompletas e em fatores desconhecidos. Sua coragem e ousadia vêm de sua capacidade de assimilar e vascular uma torrente de novos dados e informações, combinadas à sensibilidade de assumir riscos.

Esse último ponto é de fato verdadeiro para Bob Iger, que entrou na corrida do streaming mais tarde do que muitos esperavam. Ele assumiu muitas dívidas para comprar a Fox e o Hulu, sabendo muito bem que o preço pode ser um nivelamento por baixo, ao mesmo tempo em que incorre em altas despesas financeiras que reduzirão os lucros e que podem atrair ataques da mídia, de investidores e ativistas. Se o reposicionamento da Disney se mostrar insustentável, pode danificar tanto a imagem da marca Disney quanto a reputação de Iger. Mas ele teve a capacidade cognitiva de imaginar um caminho para a Disney e o descaramento de apostar alto nele.

Testes de Liderança

A economia digital acelerada de hoje não é uma era para os tímidos. Mas os líderes que agem de forma ousada sem ter as habilidades necessárias são simplesmente imprudentes.

Quando os líderes fracassam, costuma ser porque suas habilidades empresariais não se adequam aos desafios da posição. Falta de bom senso na alocação de recursos e falhas na contratação e no treinamento dos talentos necessários são deficiências comuns. Por exemplo, sabemos que os veículos autônomos (VAs) chegarão em um futuro próximo, mas ninguém sabe quando, onde, em que velocidade serão adotados e quem dominará. Empresas nesse espaço ascenderão ou decairão com base em como seus líderes conseguem navegar na neblina da incerteza nesse espaço de mercado emergente.

Os VAs dependem de quantidades enormes de dados, e seu desenvolvimento implica muitos riscos. Como já vimos, acidentes nas fases de testes e de desenvolvimento podem ter um impacto exagerado na aceitação do consumidor. Alguns líderes estão explorando os VAs agressivamente apesar dos riscos, enquanto outros estão se movendo com mais cautela.

Inevitavelmente, os ecossistemas competirão entre si, e erros aqui, incluindo ir muito devagar, podem ser uma ameaça existencial. Os líderes têm que imaginar como as peças se encaixarão, construir relacionamentos e se sentir confortáveis em compartilhar informações com eco-parceiros, em vez de fazer tudo sozinhos, como estão acostumados.

A receita total do mercado mundial de mobilidade é desconhecida, mas a posse total de carros está em declínio ao redor do mundo. Líderes disputando para concorrer nesse espaço terão que encontrar um modelo de enriquecimento que funcione. É um desafio especialmente grande para os líderes de montadoras tradicionais. A Ford, por exemplo, tem um problema de dinheiro. Seu CEO se associará a outras montadoras e deixará o conselho à vontade com esse acordo? As limitações de dinheiro dificultarão a criação de um ecossistema suficientemente amplo para manter-se competitiva? A Ford está testando VAs em três cidades, enquanto a maioria das outras montadoras está testando em apenas uma. A Ford se beneficia obtendo dados de diversas configurações, mas será capaz de fazê-lo por um longo período? O CEO tem que estar disposto a direcionar recursos conforme necessário, superar uma barreira de críticas aos resultados suprimidos, e ter a capacidade de explicar habilmente a narrativa a investidores e colaboradores.

Essas são questões empresariais que os líderes da indústria automotiva devem considerar. E suas decisões têm consequências sérias. Observe o turnover nas posições de CEO na BMW, na Ford e na Daimler.

Bob Chapek, que sucedeu Iger como CEO da Disney em fevereiro de 2020, terá que resistir a quaisquer impactos que o novo modelo de enriquecimento tem no custo de capital. O preço das ações da Disney estava se mantendo bem ao final de 2019 à luz dos números iniciais de assinatura do Disney+, mas não estava claro se esses números de assinaturas eram sustentáveis e se os investidores aceitariam lucros por ação inferiores. Em 2018, as estimativas de lucros da Disney para 2020 eram de US$8,20. No fim de 2019, as estimativas para 2020 haviam caído abaixo de US$6.

O CEO Reed Hastings será capaz de continuar atraindo financiamentos para a Netflix conforme o cenário competitivo muda? O sucesso contínuo da Netflix depende da capacidade de Hastings de manter o modelo de enriquecimento funcionando, mesmo enquanto outras empresas tentam atrair os consumidores com novas opções de entretenimento. A Netflix vem conseguindo aumentar os preços nos últimos anos sem reações significativas. Será que a empresa deixaria de interessar aos financiadores se Hastings baixasse os preços em algum momento para atrair novos assinantes? Em abril de 2020, logo após adicionar 15,8 milhões de novos assinantes no primeiro trimestre e ter fluxo de caixa positivo pela primeira vez em 6 anos, principalmente por causa de uma desaceleração na produção, a Netflix anunciou que estava assumindo US$1 bilhão em dívidas de baixo custo divididas entre euros e dólares.

Desenvolvendo Líderes Digitais

A obsolescência da liderança é uma realidade. Muitos líderes em empresas tradicionais desenvolveram suas habilidades cognitivas em torno do incrementalismo versus o crescimento rápido e exponencial. Muitos usaram aumentos de preços ou aquisições para impulsionar as receitas em vez de criar novos espaços de mercado (observe o padrão de precificação premium da Procter & Gamble e os aumentos de preços da Disney em seus parques temáticos). Muitos não têm habilidades tecnológicas e conhecimento para sobreviver no cenário atual ou podem ter um apetite mais fraco pelo risco.

Compreensivelmente, é difícil para eles imaginar o que a tecnologia possibilita e orientar com entusiasmo o crescimento exponencial. Eles podem não ter experiência na criação de relacionamentos com eco-parceiros e nenhuma exposição ao poder de uma plataforma digital. A maioria dos líderes em posições de poder em empresas antigas chegaram lá por meio de silos verticais ou funcionais — de marketing, finanças ou operações. Se começassem na base, teriam que subir seis camadas ou mais. Esse tipo de progressão de carreira lhes traz pouca ou nenhuma experiência do consumidor ou poucas oportunidades de desenvolver seu tino comercial. Mesmo líderes que dirigiram uma unidade de lucros e perdas provavelmente o fizeram sem responsabilidade pelos balanços e podem ser incapazes de tentar conceber modelos de enriquecimento que sejam adequados à era digital.

Líderes talentosos tinham que lutar por recursos, fazer política e ser avaliados com base em quão bem batiam os números. Avaliações em empresas antigas são altamente concentradas no retrovisor. Algumas tinham métricas de desempenho em torno da satisfação do consumidor ou um índice de Net Promoter Score, que não são métricas progressistas e não refletem imaginação ou visão.

Líderes que subiram por meio de empresas de consultoria tinham seu DNA moldado pela análise de diversas indústrias e pela manipulação de dados para obter insights significativos. Eles tendem a ser muito bons em cruzar dados internos e externos e costumam conseguir ver o panorama geral. Mas uma grande porcentagem acaba fracassando porque não tem experiência em gerenciar uma grande organização ou construir equipes superiores, ou por causa de sua personalidade. Sua expertise e sua inteligência lhes permitem pensar que são a pessoa mais inteligente no recinto. Mas, por isso, param de ouvir e são incapazes de desenvolver e direcionar o motor social da empresa.

O turnover entre líderes CEOs em empresas tradicionais provavelmente aumentará. Uma boa porcentagem achará quase impossível converter sua mentalidade e habilidades ou será incapaz de fazê-lo suficientemente rápido. Empresas tradicionais com a intenção de transformar-se em digitais devem considerar se seus líderes conseguem fazer a mudança. Se não, podem precisar de líderes de fora. A Amazon tornou-se uma fábrica de talentos e uma fonte popular para recrutamento.

Ao mesmo tempo, empresas que fazem uma pesquisa mais profunda podem descobrir possíveis líderes digitais em seu meio. Observei diversas situações, além daquelas na Fidelity, B2W e Disney, nas quais um líder de uma empresa tradicional colocou a organização em uma trajetória digital.

O "potencial" de liderança deve basear-se nas qualidades que os líderes digitais compartilham: conhecimento básico de algoritmos, orientação ao consumidor e tino comercial, bem como traços pessoais de liderança, como imaginação e motivação para executar. Em especial, a mistura de habilidades e traços pessoais deve resultar em bom senso.

As pessoas podem aprender e mudar. Tenho visto executivos experientes nos maiores níveis de organizações tradicionais aprendendo com entusiasmo o que plataformas, algoritmos e dados podem fazer por suas empresas, e o escopo de seu pensamento e de sua imaginação foi ampliado. Alguns desses líderes atualmente acreditam ser possível atingir um crescimento de 10x, ainda que não acreditassem antes. São capazes de imaginar-se satisfazendo uma necessidade do consumidor que se desenrole mais adiante, sete anos ou mais, e começam a experimentar e testar como poderia ser esse espaço de mercado. Eles sabem que a concorrência é inevitável e estão aprendendo a testar mais rápido e aceitar alguns fracassos.

Os millennials representam uma veia mais rica de esperança de liderança para o futuro, mas podem precisar desenvolver suas habilidades sociais. Aqueles com uma bagagem de ciências da computação tiram de letra a programação e o desenvolvimento de plataformas e aplicativos, mas seu raciocínio tem uma desvantagem: é binário. Essa experiência pode condicionar as pessoas a verem coisas em preto e branco. Pode lhes faltar empatia ou habilidades sociais variadas, que são essenciais em uma organização baseada em times de uma empresa digital. A mentoria pode ajudar. E, no todo, arriscar-se com uma pessoa mais jovem com expertise no mundo digital, mas que não tem experiência em dirigir uma organização, pode ser uma aposta melhor do que recorrer a líderes tradicionais que não têm cognição, habilidades e psicologia relevantes.

As gigantes digitais são poucas em quantidade. Há apenas cerca de 20 ao redor do mundo. Mas seus líderes também enfrentam concorrência. Muitos tiveram sucesso de primeira em seu espaço, com pouca ou nenhuma concorrência. Hoje em dia, têm que refletir se podem continuar crescendo no caminho que escolheram, ou se sucumbem à pressão por alavancar os lucros por ação com o risco de um crescimento mais lento. Mesmo com modelos de enriquecimento, plataformas, marcas e conexões com os consumidores bem desenvolvidos, estão surgindo novos desafios, como lidar com reguladores ou dominar a cultura.

Tenho confiança de que uma nova geração de líderes surgirá para superar os desafios do atual mundo digital, provavelmente vindos de muitas fontes diferentes. A clareza acerca dos critérios que esses líderes devem atender ajudará a identificá-los. Abrir o caminho para seu crescimento lhes permitirá desenvolver-se, provavelmente mais rápido do que imaginamos. Isso pode significar ignorar outros para favorecer as habilidades necessárias em detrimento da experiência extensa. As organizações que entendem como os líderes digitais são diferentes, e que buscam por eles e os desenvolvem, terão vantagem sobre as empresas que não o fazem.

Isso é vantagem competitiva na era digital.

CAPÍTULO 9

REPENSANDO A VANTAGEM COMPETITIVA NO MUNDO REAL

Agora que você entendeu as regras da vantagem competitiva que as gigantes digitais descobriram tão brilhantemente, seu desafio é usá-las. A maioria das empresas não está começando com uma folha em branco, mas com vantagens consideráveis que poderiam ser adaptadas à era digital. Integrar as habilidades existentes com tecnologia digital e descartar o que não funciona mais abre caminho para o crescimento de 10x. Já vi líderes refletirem sobre isso com suas equipes. Quando a combinação faz sentido e surge uma trajetória clara, isso libera uma energia tremenda.

Use as regras para lidar com todas as mudanças que devem ocorrer — por exemplo, no enriquecimento, no retreinamento, na reorganização de pessoas e na construção de um novo ecossistema. O prêmio é ver os elementos, ou blocos, da vantagem competitiva se combinarem e acelerarem a transição para renascer como uma empresa digital.

Quando comecei a pesquisar e escrever este livro, as empresas tradicionais que estavam tornando-se verdadeiramente digitais eram raras exceções. Hoje, mais empresas, muitas delas no espaço B2B, começaram a se movimentar. A Honeywell, por exemplo, está integrando seu domínio e sua expertise digital, reforçados por um ecossistema mais amplo, para tornar-se fornecedora de plataformas para a indústria de ciências biológicas. Ela não criou esse espaço de mercado, mas o expandirá muito enquanto acelera seu próprio crescimento de receita.

Na Aptiv, a parte da Delphi que foi separada para se concentrar em tecnologia, o presidente executivo, Raj Gupta, e o CEO, Kevin Clark, estão conduzindo a transformação de uma fornecedora de peças de automóveis antiga e decadente para tornar-se uma expansora do espaço de mobilidade. Não mais uma simples fabricante de peças mecânicas como trens de força, ela fornecerá plataformas de computação que usam dados de sensores e softwares avançados para apoiar a expandir o domínio dos veículos autônomos.

Qualquer externo é capaz de ver as grandes mudanças que estão acontecendo em algumas de nossas maiores e mais estabelecidas empresas. O Walmart, por exemplo, é fácil de observar por sua alta visibilidade. A empresa tem desenvolvido sua habilidade digital e ao mesmo tempo transformado o que alguns chamam de albatroz financeiro em vantagem competitiva: está imaginando seus 3.571 "supercenters" — as lojas amplas que incluem produtos alimentícios e bens de consumo — como centros para oferecer uma variedade cada vez maior de experiências ao consumidor.

Em setembro de 2019, abriu sua primeira clínica de cuidados médicos em uma loja Walmart nos arredores de Atlanta, Geórgia.

O protótipo permitirá que a empesa teste e melhore o conceito. A ideia é dar às pessoas uma forma barata e acessível de cuidados médicos, incluindo análises clínicas, raios-x e exames de vista. Dado que 90% da população dos EUA está a até 16 quilômetros de uma loja Walmart, e como as pessoas podem estar mais inclinadas a usar serviços de saúde se já estiverem na loja para comprar ou buscar coisas que compraram online, o impacto das clínicas de saúde poderia ser enorme. Cuidados odontológicos e veterinários podem vir a seguir, bem como serviços financeiros e beleza. Todas essas coisas representam novas formas de receita baseadas no uso da metragem quadrada que o Walmart já possui.

Os supercenters seriam partes integrais do extenso sistema de distribuição do Walmart e abarcam a capacidade computacional para conduzir o uso crescente de IA, aprendizado de máquina, robótica e outras aplicações tecnológicas por parte da empresa. Esse poder computacional amplamente dispateso e localizado próximo aos usuários, conhecido como edge computing, acelera o processamento. O CEO do Walmart, Doug McMillon, diz que qualquer capacidade extra poderia ser vendida a outras empresas, por exemplo, para alimentar veículos autônomos que dependem de velocidade de processamento. Então, a edge computing nos supercenters poderia oferecer uma fonte adicional de receitas e lucros enquanto ajuda a servir melhor aos consumidores do Walmart.

Enquanto o Walmart tem melhorado sua presença no e-commerce, em parte adquirindo startups digitais menores como Bonobos e ModCloth, tem incluído terceiros em seu Marketplace. Esses vendedores terceirizados podem usar os serviços de reforço de realização do Walmart, e são inclinados a confiar mais no Walmart do que na Amazon, que alguns veem como tendo conflito de interesses. O Walmart hoje oferece 7.500 marcas, tornando o Marketplace mais competitivo no espaço online. Conforme o e-commerce cresce, as receitas sobem, e as margens também. Os dados coletados podem ser anonimizados e vendidos a anunciantes.

Mudanças no motor social do Walmart também são evidentes. A empresa obteve muitos talentos tecnológicos e uma mentalidade diferente ao adquirir o Jet.com em 2016. Em maio de 2019, contratou Suresh Kumar como chief technology officer [diretor de tecnologia] e chief development officer [diretor de desenvolvimento]. Kumar havia trabalhado na Microsoft, no Google e na Amazon. E em outubro de 2019, quando John Furner foi nomeado presidente e CEO do Walmart U.S., McMillon observou que Furner "está adotando novas formas de trabalhar e pensar", acrescentando posteriormente que Furner "pensa digitalmente".

O Walmart tem redesenhado posições conforme incorpora a tecnologia no trabalho diário e concentra-se na experiência do consumidor. A empresa implantou 200 academias para retreinar centenas de milhares de colaboradores em soft skills, entre elas, como ser um bom treinador, bem como em hard skills relacionadas a suas posições recém-redefinidas. McMillon tentou expandir seu senso de propósito para ir além das famosas palavras do fundador do Walmart, Sam Walton, em 1992, logo antes de ele falecer: "Nós temos um propósito, e o propósito é economizarmos o dinheiro das pessoas e ajudá-las a viver uma vida melhor." McMillon acrescentou que é mais do que preço. É valor, facilidade de uso e diversão.

O histórico de McMillon como líder empresarial carrancudo que passou boa parte de sua carreira em trabalhos de merchandising no Walmart não o impediu de reinventar a vantagem competitiva da empresa. Ele imaginou diversas formas em que uma combinação da tecnologia e do espaço físico existente podem dar aos consumidores coisas que eles querem e precisam. E, ainda que esteja convencido de que há um papel importante para as lojas, ele se volta à perspectiva do consumidor. "Se os consumidores não querem lojas, não teremos lojas", disse ele a Karen Short, analista na Barclays Capital, em dezembro de 2019.[1] O CFO Brett Biggs acrescenta: "A forma como vemos isso é que temos que ir aonde o consumidor quer ir."[2]

Enquanto McMillon e sua equipe parecem ter muita clareza e convicção, precisam lutar com os desafios financeiros de executar a visão. Mesmo que vejam um caminho para o crescimento de 10x ou de 20x, serão capazes de gerenciar os resultados operacionais para chegar lá? Biggs diz: "É tarefa da administração fazer a empresa funcionar financeiramente."[3] As caras aquisições do Jet.com e da Flipkart na Índia significaram perdas crescentes do e-commerce, observa Biggs, mas os investimentos que fizeram anos antes em produtividade e outras coisas dentro das lojas dos EUA haviam começado a recompensar.

Conforme o Walmart controla o ritmo de sua transformação em uma empresa digital, McMillon está convencido de que as peças se encaixarão, e pelo bem do consumidor. Os investimentos são vistos dessa forma — não como inciativas discretas, mas por sua aparência do ponto de vista do consumidor e no total.

Ao entender como alavancar um centro físico e combiná-lo ao poder da tecnologia, McMillon pode ter descoberto uma nova fonte de vantagem competitiva. O Walmart provavelmente expandirá o mercado a princípio, então dará à Amazon um rumo para seu dinheiro. Pode-se mostrar mais fácil para o Walmart instalar a tecnologia do que para a Amazon criar centros como os do Walmart. O Walmart não tem falta de recursos financeiros, e pode até ter vantagem em seu toque humano com os consumidores, diferentemente da cultura orientada por métricas da Amazon. Então, o jogo pode virar.

Seres humanos geram mudança. Novas fontes de vantagem competitiva surgirão, e o cenário competitivo mudará. É isso que orienta o progresso humano e nosso padrão de vida. Você pode fazer parte disso.

APÊNDICE

VOCÊ ESTÁ PRONTO PARA CRIAR VANTAGEM COMPETITIVA NA ERA DIGITAL?

As perguntas a seguir podem ajudá-lo a refletir sobre como criar vantagem competitiva na era digital, e se você está realmente disposto a isso. Quanto mais você aplicar imaginação, praticidade e honestidade intelectual ao respondê-las, mais úteis elas serão.

1. Você é motivado a melhorar a experiência de ponta a ponta do consumidor e as novas formas de moldar um ecossistema em torno de um conjunto dinâmico de algoritmos e IA? Esse não é um jogo que pode ser delegado. Sua psicologia pessoal está pronta para isso? Você tem a imaginação para vislumbrar como será o negócio, além de determinação, resiliência, perseverança e energia para conduzi-lo? Muitos líderes não experimentaram esse ritmo, esse tipo de crescimento não linear, que não mostra um retorno sobre os investimentos por anos. Seja honesto sobre estar ou não psicologicamente adequado ao ritmo e ao grau de risco.

2. Qual é a sua visão de uma experiência ou necessidade do consumidor que poderia ser um espaço de demanda de 10x ou 100x? De qual parte desse espaço você participará? Você está focado diretamente na experiência do consumidor ou comparando-se constantemente com a concorrência? Faça suas observações do consumidor e mapeie os pontos de contato nas experiências de ponta a ponta do consumidor atual e futura. Essa visão pode ser informada por análises de dados e conhecimento das tecnologias emergentes, mas use seu bom senso. Não comece pensando sobre os ativos que tem e ponderando sobre como aplicá-los. E não limite seu pensamento por causa das barreiras que supõe existir. Pense: o que é necessário? O que não temos? Narre essa visão para que outros a compreendam.

3. De qual plataforma digital você precisa e como ela o conectará com o ecossistema? Seu design deve proporcionar agilidade, melhorias diárias, precificação dinâmica e assim por diante. Essa questão deve ser respondida por uma equipe que misture especialistas digitais técnicos com especialistas de domínios não técnicos. Responder a essa pergunta e à anterior provavelmente será iterativo. Em que os dados e algoritmos lhe permitirão melhorar progressivamente?

4. Como o enriquecimento funcionará? Você adere a um modelo de enriquecimento que lhe permite inovar continuamente para o consumidor, oferecendo preços mais baixos e ao mesmo tempo gerando valor para o acionista? Seu modelo reflete a lei de lucros crescentes e a geração de margem bruta de caixa?

5. Quem são seus financiadores? Na maioria dos casos será necessária uma série de financiamentos. As empresas estabelecidas farão de tudo para que você não ganhe mercado — legalmente, por meio de precificação dinâmica ou aproximando-se dos limites legais antitruste e ajustando-se depois (pense no domínio da Microsoft nos sistemas operacionais de computadores). Alguns financiadores planejarão e investirão toneladas de dinheiro para obter penetração no nível certo; eles enxergam como investimentos, e não como despesa (a Reliance "investiu" em e-commerce ao oferecer serviços móveis gratuitos).

6. Que tipos de pessoas e líderes são necessários para fazer acontecer? Como trabalharão juntos? As equipes são colocalizadas e focadas em uma tarefa interligada à missão geral relacionada ao consumidor? Onde é possível reduzir todas as decisões a um nível de aprovação? Você tem uma plataforma digital que sustente a transparência em toda a organização?

7. Qual ciclo de feedback lhe permitirá experimentar, aprender e melhorar continuamente a visão existente da experiência de ponta a ponta do consumidor ou imaginar uma nova visão de uma experiência do consumidor? Ao permitir aprendizado e experimentação contínuos, algoritmos e IA tornam a estratégia dinâmica, não fixa. É isso que pode motivar a expansão exponencial, especialmente pela criação de novas fontes de receita.

Mesmo enquanto você mapeia os próximos passos de sua iniciativa estratégica e os atribui às equipes, permaneça concentrado no consumidor e a par do que a tecnologia pode fazer *agora*. Mantenha os dados fluindo, busque insights e estimule seu pensamento criativo. Depois, repasse as perguntas novamente. É assim que você manterá sua vantagem competitiva afiada e sua empresa relevante no longo prazo.

NOTAS

CAPÍTULO 1: POR QUE AS GIGANTES DIGITAIS ESTÃO GANHANDO

1. **As notícias levaram o analista de mídia:** Alex Sherman, "How the Epic 'Lord of the Rings' Deal Explains Amazon's Slow-Burning Media Strategy", CNBC.com, 8 de março de 2019, https://www.cnbc.com/2019/03/08/ amazon-prime-video-feature.html.

CAPÍTULO 3: ESPAÇOS DE MERCADO DE 10X, 100X, 1.000X

1. **"Quando temos a opção":** Brad Stone, *The Everything Store: Jeff Bezos and the Age of Amazon* (Nova York: Little, Brown, 2013), 273.
2. **Já na década de 1990:** Ibid., 41.
3. **"Tudo o que fazemos na tecnologia":** Site da Microsoft, https://news.microsoft.com/transform/starbucks-turns-to-technology-to-brew-up-a-more-personal-connection-with-its-customers.

4. **Espera-se que a receita do e-commerce na Índia:** India Brand Equity Foundation, "E-commerce Industry in India", atualizado em janeiro de 2020, https://www.ibef.org/industry/ecommerce.aspx.

CAPÍTULO 4: PLATAFORMAS DIGITAIS NO CENTRO DO NEGÓCIO

1. **O PageRank possibilitou:** Uma fonte excelente de explicação não técnica sobre o PageRank e outros algoritmos básicos é o livro de John MacCormick, *Nine Algorithms That Changed the Future: The Ingenious Ideas That Drive Today's Computers* (Princeton, N.J.: Princeton University Press, 2012).
2. **O Google acredita que a nova sequência:** Rob Copeland, "Google Lifts Veil, a Little, into Secretive Search Algorithm Changes", *The Wall Street Journal*, 25 de outubro de 2019.
3. **Então, pediu que uma porção:** Brad Stone, *The Everything Store: Jeff Bezos and the Age of Amazon* (Nova York: Little, Brown, 2013), 51.
4. **"a semente que cresceria":** Ibid.
5. **O Walmart tinha explorado:** Por Internet Retailer via Applico.
6. **Em 2018, apesar de ainda:** Sarah Perez, "Walmart Passes Apple to Become No. 3 Online Retailer in U.S.", *TechCrunch*, 16 de novembro de 2018.
7. **DaaS — Disney as a service:** Matthew Ball, "Disney as a Service: Why Disney Is Closer Than Ever to Walt's 60 Year Old Vision", *REDEF ORIGINAL*, 10 de maio de 2016.

8. **Esse arranjo preserva:** "Gartner Says Worldwide IaaS Public Cloud Services Market Grew 31.3% in 2018", Gartner, Inc., boletim de imprensa, Stamford, Conn., 29 de julho de 2019.
9. **"a convergência nos dados":** Arthur Yeung and Dave Ulrich, *Reinventing the Organization* (Boston: Harvard Business Review Press, 2019), 104.
10. **Esse conceito foi a base:** Ming Zeng, "Alibaba and the Future of Business", *Harvard Business Review,* setembro-outubro de 2018.

CAPÍTULO 5: ECOSSISTEMAS GERADORES DE VALOR

1. **Honeywell e Bigfinite:** "Honeywell, Bigfinite Collaborate to Drive Digital Transformation", Contractpharma.com, 2 de fevereiro de 2020.
2. **"a Goldman Sachs começou":** Laura Noonan, "Goldman Sachs in Talks with Amazon to Offer Small Business Loans", *Financial Times,* 3 de fevereiro de 2020.
3. **Conforme relatado pela Reuters:** Heather Somerville e Paul Lienert, "Inside SoftBank's Push to Rule the Road", Reuters, 13 de abril de 2019.
4. **A Apple está hoje moldando-o:** O relatório de pesquisa do Morgan Stanley — *Apple, Inc., Don't Underestimate Apple's Move into Healthcare* —, de 8 de abril de 2019, é a fonte de boa parte dos dados específicos usados nessa seção.
5. **Divya Nag:** Maya Ajmera, "Conversations with Maya: Divya Nag", *Science News,* 13 de setembro de 2018.

CAPÍTULO 6: ENRIQUECIMENTO PARA AS DIGITAIS

1. **"Estão surgindo repentinamente":** Ian Thibodeau, "Delphi to Split into Aptiv and Delphi Tech", *The Detroit News*, 27 de setembro de 2017.
2. **Uma manchete no *New York Times*:** Karen Weise, "Amazon's Profit Falls Sharply as Company Buys Growth", *The New York Times*, 24 de outubro de 2019.
3. **Como o CEO Reed Hastings disse:** Alex Sherman, "Netflix CEO Reed Hastings Says Subscriber Numbers Aren't the Right Metric to Track Competition", CNBC.com, 6 de novembro de 2019.
4. **Ela escolhe empresas:** Liza Lin e Julie Steinberg, "How China's Tencent Uses Deals to Crowd Out Tech Rivals", *The Wall Street Journal*, 15 de maio de 2018.

CAPÍTULO 7: EQUIPES EM VEZ DE CAMADAS ORGANIZACIONAIS

1. **O que importa é incorporar:** Para saber mais sobre as operações internas da Amazon, veja meu livro (coescrito com Julia Yang), *The Amazon Management System: The Ultimate Digital Business Engine That Creates Extraordinary Value for Both Customers and Shareholders* (Washington, D.C.: Ideapress Publishing, 2019).
2. **"Conforme a equipe trabalhava":** Ron Miller, "How AWS Came to Be", *TechCrunch*, 2 de julho de 2016, https://techcrunch.com/2016/07/02/andy-jassys-brief-history-of-the-genesis-of-aws/.

CAPÍTULO 9: REPENSANDO A VANTAGEM COMPETITIVA NO MUNDO REAL

1. **"Se os consumidores não querem":** Transcrição feita pela FactSet CallStreet da conferência com Walmart, Inc., Barclays Gaming, Lodging, Leisure, Restaurant & Food Retail, 4 de dezembro de 2019.
2. **O CFO Brett Biggs adiciona:** Transcrição feita pela FactSet CallStreet da conferência com Walmart, Inc., UBS Global Consumer & Retail, 5 de março de 2020.
3. **Biggs diz, "É tarefa":** Ibid.

ÍNDICE

A

Adobe Systems, 68, 119
A. G. Lafley, 46
Airbnb, 25
Alibaba, 9, 55, 86
    Alibaba Cloud, 70
    Alipay, 56, 71
    Financial, 75
    Taobao, 70
    Tmall, 56, 70
    Tmall Genie, 86
Alphabet, 39
Amazon, 8, 57, 87, 125
    Alexa, 125
    Amazon Marketplace, 87
    AWS (Amazon Web Services), 8, 70, 125
    Kindle, 125
    Marketplace, 66
    PillPack, 67
    Similarities, 62
    Sold by Amazon, 66
Análise
    competitiva, 25
    SWOT, 28

Andy Jassy, 69
Anna Saicali, 78, 168
Apple, 6, 40, 74, 102
    AC Wellness Clinic, 107
    Apple Pay, 8
    AppleTV+, 128
    Apple Watch, 106
    ResearchKit, 105
Aptiv, 182
Arthur Yeung, 71

B

B2W, 9, 34, 77, 119, 168
    Ame, 82
    B2W Marketplace, 80
Baidu, 95
    Apollo, 95
Bain & Company, 24
Best Buy, 8
Big Bazaar, 44
Bill Gates, 22, 31
Blockbuster, 4
Bob Chapek, 174
Bob Iger, 128, 164

Boston Consulting Group
(BCG), 25
    quatro quadrantes, 27
Brad Stone, 62

C

Carlos Alberto Sicupira, 78
Ciclo de inovação, 134
Cinco forças de Porter, 25
C. K. Prahalad, 24
Coca-Cola, 28

D

Dave Ulrich, 71
DBS Bank de Singapura, 58
Delphi, 119
Diálogo simultâneo, 135, 160
Didi Chuxing, 34, 95
Dollar Shave Club, 8
Doug McMillon, 26, 53, 63, 163
DRAM, 51

E

Elon Musk, 89
Eric Schmidt, 155

F

Facebook, 77
Fast Retailing, 43
Fidelity Personal Investing, 42, 77, 134, 153
    Fidelity ZERO, 144

Flipkart, 52
Fluxo de receitas recorrentes, 124
Ford, 30, 173
    Modelo T, 30
Frank Lowy, 130, 164
Future Group, 44

G

Gary Hamel, 24
GE, 73
Gerri Martin-Flickinger, 41
Gillette, 8
Glen De Vos, 119
GM, 30
Google, 61, 119
    BERT, 62
    Google Open Source, 65
    Google Search, 61
    PageRank, 61
    TensorFlow, 65

H

HBO Max, 128
Hertz, 26
Honeywell, 182
Hulu, 5, 128, 172

I

Integração
    horizontal, 46
    vertical, 46

Intel, 85
Internet das Coisas, 73

J

Jack Ma, 55
JD.com, 9
Jeff Bezos, xvi, 23, 87, 114
Jeff Wilke, 134
Jim Cramer, 103
JioMart, 34
Jornada do consumidor, 42

K

Kathy Murphy, 134, 137, 168
Kishore Biyani, 44
KPN, 29
Krishna Sudheendra, 58

L

Larry Page, xvi, 61, 155, 163
Lei
    de rendimentos crescentes, 12
    de retornos crescentes, 115
Lojas Americanas, 34, 77
Lyft, 25, 34, 68, 94

M

Macy's, 8
Marc Lore, 63
Mark Zuckerberg, xvi, 22, 77, 163
Masayoshi Son, 100, 112
Matthew Ball, 69
Matt Ryan, 40
McKinsey & Company, 24, 46
Michael Porter, 24
    as cinco forças, 25
Microsoft, 36, 85
    Azure, 8
Miguel Gutierrez, 78
Modelo de enriquecimento, 126
Monet Technologies, 101

N

NBCUniversal, 128
    Peacock, 128
Netflix, xviii, 19, 115, 156
Nike, 26
Nokia, 94

O

OneMarket, 130

P

Pantaloons, 44
PayPal, 8
Pepsi, 28
Piyush Gupta, 58
Precificação dinâmica, 66
Produto mínimo viável (MVP), 73, 134

Q

Qantas Airlines, 68

R

Reed Hastings, xviii, 4, 117, 128, 174
Reliance Industries, 34, 52
Robert Greenblatt, 6
Rupert Murdoch, 164

S

Sagacidade observacional, 43
Sam Walton, 41, 184
Satya Nadella, 36, 163
Sergey Brin, xvi, 61, 155, 163
Shoptime, 78
SoftBank, 112
    SoftBank Group, 100
    Vision Fund, 113
Starbucks, 40
Steve Jobs, 22
Steven Spielberg, 3
Submarino, 78
Surto de coronavírus, xviii

T

Tadashi Yanai, 43
Tencent, 9, 29, 113
    WeChat, 29
Teorema de Bayes, 60
Tesla, 89
Tiger Fund, 113
Tiger Global, 81
Tim Cook, 7, 74
Twenty-First Century Fox, 164

U

Uber, 25, 33, 68, 127
UST, 58, 96

W

Walmart, 8, 26, 63, 163, 184
Walt Disney Company, 6, 63, 128, 164
    Disney+, 7, 63, 128, 165
WarnerMedia, 6, 26, 128
WD-40, 26
Westfield Corp., 130, 164

Y

YouTube, 5

SOBRE O AUTOR

Minha missão:
- Ajudar profissionais empresariais a serem melhores.

O que eu faço:
- Conselheiro, solucionador de problemas e desenvolvedor de relacionamentos de confiança de longa data com CEOs, conselhos e outros executivos em todo o mundo.

- Abordo autoavaliações e feedbacks honestos para melhorar a prática do conselho.

- Facilito relacionamentos entre conselho e administração.

- Vinte e nove livros, quatro best-sellers, todos destinados a profissionais com base em observações em campo.

- Ajudo a escolher grandes líderes e membros do conselho.

- Ajudo empresas a se digitalizar, mudar seus modelos de negócio e criar organizações em três camadas.

- Atuei em 12 conselhos nos EUA, Canadá, Brasil, Índia e China. Atuo hoje em cinco conselhos.

- MBA com alta distinção e DBA pela Harvard Business School. Prêmio de melhor professor. Membro distinto da National Association of Human Resources.

   Ram-Charan.com

Projetos corporativos e edições personalizadas
dentro da sua estratégia de negócio. Já pensou nisso?

Coordenação de Eventos
Viviane Paiva
viviane@altabooks.com.br

Assistente Comercial
Fillipe Amorim
vendas.corporativas@altabooks.com.br

A Alta Books tem criado experiências incríveis no meio corporativo. Com a crescente implementação da educação corporativa nas empresas, o livro entra como uma importante fonte de conhecimento. Com atendimento personalizado, conseguimos identificar as principais necessidades, e criar uma seleção de livros que podem ser utilizados de diversas maneiras, como por exemplo, para fortalecer relacionamento com suas equipes/ seus clientes. Você já utilizou o livro para alguma ação estratégica na sua empresa?

Entre em contato com nosso time para entender melhor as possibilidades de personalização e incentivo ao desenvolvimento pessoal e profissional.

PUBLIQUE SEU LIVRO

Publique seu livro com a Alta Books.
Para mais informações envie um e-mail para: autoria@altabooks.com.br

/altabooks   /alta-books   /altabooks   /altabooks

CONHEÇA OUTROS LIVROS DA ALTA BOOKS

Todas as imagens são meramente ilustrativas.

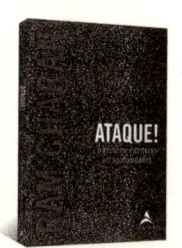

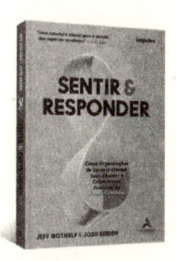

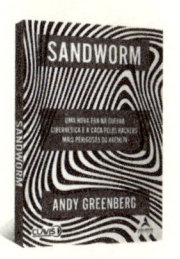

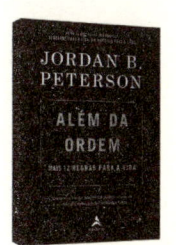

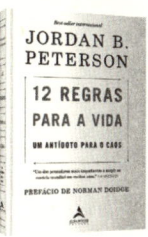